평론가와 변호사의 수다

대중문화, 이슈로 답하다

평론가와 변호사의 수다

대중문화, 이슈로 답하다

2022년 5월 5일 초판 인쇄
2022년 5월 10일 초판 발행

지은이 | 이현민, 김민정
교정교열 | 정난진
펴낸이 | 이찬규
펴낸곳 | 북코리아
등록번호 | 제03-01240호
주소 | 13209 경기도 성남시 중원구 사기막골로 45번길 14
우림2차 A동 1007호
전화 | 02-704-7840
팩스 | 02-704-7848
이메일 | ibookorea@naver.com
홈페이지 | www.북코리아.kr
ISBN | 978-89-6324-874-5(03680)

값 17,000원

평론가와 변호사의 수다

대중문화 이슈로 답하다

이현민 · 김민정

북코리아

추천사

—

마냥 가볍게만 여겨지던 대중문화가 산업이 되었습니다. 영국에서 '창조산업(creative industry)'으로, 미국에서 '연예산업(entertainment business)'으로 불리던, 박근혜 정부 시절 '창조경제'로 몸집을 부풀렸던 영역입니다. 드라마에서 몰아친 '한류' 바람이 〈기생충〉, 〈미나리〉, 〈오징어 게임〉으로 연결되고, '소녀시대', 〈강남스타일〉이 'BTS'로 이어지면서 완연히 산업으로 자리 잡았습니다. '웹툰'의 성장도 괄목할 만하고, 미술시장도 꿈틀댑니다. 이제 누구도 시비할 수 없는 '대중문화산업'입니다.

각국이 지식재산권(IP)에 국가역량을 동원하는 가운데 2020년 대한민국은 문화예술 저작권(culture & art copyright) 산업에서 처음으로 '흑자'를 기록했습니다. 김대중 정부 시절, 일본 대중문화를 개방하면 한국 대중문화가 망한다고 호들갑 떨던 반대론이 귀에 쟁쟁합니다. 그런데 개방의 결과는 그들의 주장과는 정반대였습니다. 영화인들의 '스크린쿼터 운동'도 대단했습니다. (스크린쿼터를) 하루만 줄여도 "한국 영화는 사라진다"고 소란스러웠지만, 한미 FTA로 스크린쿼터를 반으로 싹둑 잘랐는데 오히려 한국영화의 성공시대가 왔습니다. 세계시장에서 부딪치면서 경쟁해야 지속가능한 내공이 확보되기 마련입니다.

대중문화에 친근한 법률가와 대중문화 현장 전문가와의 협업은 오랜 과제였습니다. 그래서 10년 전 대중문화를 곁눈질하던 변호사들과 현장 전문가들이 엔터테인먼트법학회를 만들고, 매달 세미나를 통해 시장을 분석해왔습니다. 로스쿨 시대가 본격화하자 새로운 양상이 벌어집니다. 진정한 '예술가'들이 법률시장으로 쑤욱 들어오면서 더욱 현장과 가까운 이야기를 전할 수 있게 된 것입니다. 그 중심에 김민정 변호사가 있습니다. 서울대학교에서 피아노를 전공하고 독일에 장기간 유학했다가 다시 서강대학교 로스쿨을 거쳐 변호사로 활약하고 있는 전문 연주자입니다. 함께 호흡을 맞춘 현장 전문가 이현민 박사는 중국 북경대학교와 고려대학교에서 단단하게 문화이론을 공부하고, 한국콘텐츠진흥원, 한국문화관광연구원에서 시장을 분석하며 수련했습니다. 대중문화의 이론과 현장을 충분히 경험한 대중문화 평론가입니다.

이현민 박사와 김민정 변호사는 코로나 시대의 넷플릭스, 정체가 모호한 NFT 미술품, 유튜버 주작 영상 등 가장 뜨겁고 흥미로운 쟁점을 유쾌하게 분석했습니다. 재미있고 유익한 문장이라 단숨에 읽힙니다. 고백하면, '유튜버 주작 영상'의 '주작'이 무슨 뜻인지는 검색을 통해 이해했습니다.

훌륭한 저술을 세상에 내놓으며, 출판 전 원고를 먼저 읽을 기회를 주신 이현민 박사와 김민정 변호사에게 감사합니다. 앞으로도 의미 있는 협업이 계속되기를 기대합니다.

홍승기

전 한국엔터테인먼트법학회장
인하대 법학전문대학원 교수/변호사

경제 기자 출신 언론인으로서 요즘 관심을 두고 있는 단어가 있다. '공돈'이라는 개념이다. 코로나 팬데믹처럼 큰 위기가 오면 빈익빈 부익부가 더 심해진다. '위기에서 부자는 어떻게 더 부자가 될까? 자신의 실력으로 얻는 것일까? 주변 환경에 떨어져 있는 공돈을 잘 챙긴 것일까?' 하는 궁금증이다. 부자는 이런 위기에 자신의 것만이 아닌 공중에 떠다니는 '공돈'까지 끌어내는 수완을 가진 특별한 사람일지 모르겠다.

옛날부터 예술가는 가난하다고 말해왔다. 세속적인 영리가 예술적 열정보다 앞설 수 없고, 그 예술적 열정을 지키기 위해 영리를 포기한 탓이라는 거창한 설명이 따른다. 그런 걸까. 자신이 만든 작품에 가격을 매겨주고 사주는 사람들이 있지만, 그것은 예술가의 몫에 대한 최소한의 몫을 챙겨주는 것일 뿐이다. 창작 이후에 그 작품을 두고 많은 사람이 '공돈화'시켜간다. 가치를 부풀리고 유통시키면서 원래의 수백 배가 되는 공돈을 만들어내 자신들끼리 이익을 나눈다. 그러니 예술 하는 사람은 고래로 계속 가난하고, 예술가를 부리는 이들은 작품을 돌리고 돌릴수록 부자가 되는 이치다.

이 책은 창작자인 예술가가 가져가야 할 몫에 대한 현대식 계산법을 제시하고 있는 셈이다. 현대의 법개념에서는 '지식재산권'이 창작자가 갖고 있어야 할 권리다. 지식재산권은 창작자가 의당 가져가야 할 몫이, 유통시장에서 몇 번을 돌리더라도 창작자에게 귀속되는 것이 옳다는 것을 정립한 개념이라 할 것이다. 물론 그 속에는 창작자의 다양한 의무와 책임감, 권한 등도 명시되어 있다. 이를 기초로 하면 시중에서 만들어지는 '공돈'이 창작자를 배제하지 않고, 창작한 예술가를 중심에 세워놓고 몫을 합리적으로 배분하는 세상을 열어갈 수 있다는 믿음이다. 그렇게 창작자가 찾아가는 자신의 몫은 더 나은 작품을 만드는 원동력이 되어 소비자 만족으로 돌아올 것이다.

이 책에서 〈오징어 게임〉을 유통한 넷플릭스라는 OTT가 그 가능성을 제시했다고 설명한다. "제작비는 다 대줄 테니 저작권은 우리가 갖겠다"는 넷플릭스에 대해 황동혁 감독은 "작품 기획 때는 투자를 받기 어려웠는데, 넷플릭스 투자를 받고 이렇게 편하게 작품을 해본 적이 없다"고 말한 인터뷰 내용은 많은 것을 시사했다. 공돈을 넷플릭스가 먹은 듯하지만, 그다음의 기회와 몫은 제작자에게 돌아갈 수 있음을 보여준다.

비평가와 법조인이 손을 잡고 대중예술의 창작과 법률관계에 대해 다양한 주제를 다룬 것이 쉽지는 않았을 것이다. 두 부류는 글을 쓰는 스타일이 판이하기 때문이다. 대중예술 비평가는 대중예술의 창작자, 제작자, 유통자 등 이해관계인들의 다양한 움직임에 대해 신랄하게 메스를 들이대면서 독자들에게 갖가지 문제의식을 던진다. 반면 법조인은 정제된 법률용어를 통해 철저한 논리 전개로 법률상 권리관계와 이익침해 문제를 다룬다. 비평가 글이 영상 100℃가 넘는 끓는 물이라면, 법조인의 글은 영하 50℃ 아래에 얼려진 차가운 얼음이다. 위대한 경제학자인 앨프리드 마셜이 말한 '차가운 머리와 뜨거운 가슴' 같은 책이다.

그런데도 대중예술가들에게 이 책은 매우 유용할 것이다. 비평가는 예술의 여러 단계에서 일어나는 다양한 문제와 시각을 전달하고,

법률가는 그에 대한 다양한 법적 이해관계와 예술가들의 몫을 지키는 논리를 제공할 것이기 때문이다.

한국이 콘텐츠의 보고로 전 세계의 각광을 받고 있다. 그런 만큼 참여자들이 갈수록 늘어나고 그중에 미래의 거장이 속출할 것이다. 이제는 공돈을 외부에 바치기보다 예술인들 스스로가 자기의 권리가 무엇이고, 몫을 어떻게 지켜야 할지를 알아야 한다. 그 몫은 또 새로운 콘텐츠 창작의 원천이 되고, 이용자들에게 새로운 꿈을 제시하게 될 것이다.

문주용

더칼럼니스트 대표

전 이데일리 편집국장

서문

대중문화의 중심에는 언제나 매체가 있다. 사람들은 대중문화를 통해 빠르게 변화하는 세상을 체감하는데, 매체의 발전과 함께 세상은 계속해서 앞으로 나아간다. 최근 전 세계적으로 가장 눈에 띄는 매체의 변화는 바로 OTT의 등장이다. 전에 없던 OTT의 성장은 경제, 사회, 문화 등 모든 방면에 커다란 변화를 가져왔다. 특히 예기치 않은 팬데믹이라는 전 세계적인 악재가 오히려 OTT 시장의 호재를 가져왔고, 이는 우리 콘텐츠 시장에도 많은 영향을 미쳤다. 특히 우리 콘텐츠가 OTT 시장에서 세계 시장을 제패하고, 이를 통해 한국 문화가 세계 문화 속 하나의 서브 컬처로 자리매김하면서 그 변화를 몸소 체감할 수 있다.

우리는 수많은 대중문화의 이슈에 묻혀 살고 있다. 하나의 이슈를 다 파악하기도 전에 새로운 이슈가 이슈를 덮는다. 그 때문인지 빠른 속도에만 매몰되어 사유 없이 이슈에만 끌려다니는 느낌마저 든다. 매일 쏟아지는 대중문화 이슈에서 행간의 의미를 파악하고, 인문학적으로 성찰하여 트렌드를 파악하는 일은 매우 중요하다. 이슈 속 진정한 의미는 파악하지 못한 채 이슈 그 자체에 허우적거리기만 할 수 없기 때문이다. 이 책은 쏟아지는 이슈에 빼앗겨버린 '생각의 주도권'을 되찾는 것을 목적으로 한다. 올바른 사유와 명확한 기준으로 사안을 객관적으로 바라보기 위한 길라잡이가 되고 싶다. 예를 들어 2018년 필자가 『입체적 한중 대중문화』를 출간할 때만 해도 한중 관계는 훈풍이 불었다. 하지만 몇 년이 흐른 지금 동북아 정세와 함께 한중 관계는 경색 국면에 돌입했고, 대중문화 속 한중 관계의 변화는 우리 콘텐츠 시장과 경제에 커다란 숙제를 안겨주었다. 이처럼 단순 이슈의 나열을 넘어 명확한 변화와 차이를 탐색하는 것이 이 책의 주요 과제다.

따라서 이 책은 최근 발생한 대중문화 속 다양한 이슈들을 문화평론가와 법률가의 시선으로 살펴보았다. 대중문화는 우리의 생활과 밀접하게 연결되어 있고, 그래서 어찌 보면 법과 매우 닮은 점이 많다. 특히 대중문화 속에는 다양한 사건 사고들이 즐비한데, 이를 좀 더 명확하고 분명히 이해하기 위해 정확한 법률 지식이 매우 필요하다. 법 알못인 문화평론가에게 같은 대중문화를 다른 시선으로 바라볼 수 있다는 장점은 이 책을 쓴 필자 자신뿐만 아니라 읽고 계실 독자분들께도 많은 도움이 되리라 믿어 의심치 않는다.

끝으로 짧지 않은 시간 동안 이슈를 분석하며 함께 울고 웃은 김민정 변호사님께 감사의 마음을 전하고, 나의 게으름을 삶의 원동력으로 바꾸어주는 박주현 변호사님, 나의 분신 박찬영, 책과 함께 세상에 나온 박유영에게도 큰 사랑을 전한다. 그리고 늘 믿고 응원해주시는 아빠, 엄마, 언니에게도 감사의 마음을 보낸다.

이현민

저자의 학창 시절 문화에 대한 기억은 일주일 내내 기다리던 수목드라마가 시작되는 쫄깃한 시간, 용돈을 아껴 매달 한 장씩 사는 CD를 처음 플레이어에 넣을 때의 설렘으로 남아있다. 반면 2022년의 우리는 콘텐츠가 범람하는 넷플릭스, 유튜브에서 언제든 원하는 영화와 드라마를 골라보고, 방구석에서 지구 반대편의 생생한 공연실황을 감상하며, 이제는 가상세계 속에서 열리는 공연에 참여하기에 이르렀다.

문화는 시대의 사회 현상과 그 속에서 살아가는 사람들의 삶의 방식, 생각과 감정이 고스란히 비춰진 거울과 같다. 불과 수년 사이, 기술의 혁신과 예상치 못한 팬데믹 상황이 우리의 생활에 큰 변화를 가져왔고, 대중문화에서는 매체의 확장이 콘텐츠의 다양화와 즉각적인 소비를 이끌었다. 이제는 메타버스와 NFT라는 신문물에 의한 또 한 번의 거대한 변화가 목전에서 우리를 기다리고 있다.

어느 분야든 시장과 수익의 성장은 언제나 권리 침해, 위법과 불법의 리스크를 동반하게 되는데, 대중문화도 예외는 아니다. 덕분에(?) 주로 인기 연예인들의 전속계약 문제와 명예훼손 사건 해결에 그쳤던 엔터테인먼트법은 이제 콘텐츠와 창작자의 권리를 보호하는 지지대인 동시에 저작권, 퍼블리시티권, 라이선스 계약 등 다양한 이슈를 풀어야 하는 컨설턴트와 해결사라는 막중한 임무를 맡게 되었다.

법이 문화예술의 든직한 서포터 역할을 하기 위해서는 지금 우리 문화계에 나타나고 있는 현상과 문제, 그 의미를 함께 짚어볼 필요가 있다는 생각을 했다. 이 책에서는 대중문화의 최근 이슈들에 대한 사회적 · 미학적 의미를 비평의 관점에서 들여다보고, 그 속에 있는 법적 쟁점을 하나씩 꺼내어 풀어보았다. 이로써 변모하고 있는 문화예술 속 법의 역할을 다시금 고민하는 동시에, 문화예술을 사랑하는 대중에게 조금 더 폭넓은 이해의 기회가 된다면 저술의 의미는 충분한 것 같다.

끝으로, 동갑내기 아이를 둔 두 워킹맘이 뭉쳐 야심 차게 기획한 '비평과 법률의 컬래버 프로젝트'의 결실을 공저자와 함께 자축하고 싶다. 작가의 부캐를 실현하게 도와주신 영원한 서포터 친정엄마, 무한한 격려와 응원의 마음을 직접 감수로 표현해준 남편 김정민 변호사에게 감사의 마음을 전한다.

김민정

CONTENTS

CONTENTS

CONTENTS

1

매체 변화와 대중문화

Issue 1
넷플릭스 한국 드라마의 흥행

:: 이현민 평론가의 Talk

트렌드를 재편하는 OTT 시장과 우리 콘텐츠의 미래

매체의 발달은 모든 것을 빠른 속도로 바꾸어놓았다. OTT 서비스의 등장은 비대면과 글로벌화의 양립을 위한 가장 좋은 수단이 되었고, OTT 매체의 급격한 성장은 사회 · 경제 · 문화의 많은 것을 빠르게 변화시켰다. 콘텐츠 시장은 사회 변화의 척도로 간주되기도 하는데, 콘텐츠 시장이 격변하고 있으니 다양한 현상이 나타나고 있다.

몇 년 전까지만 해도 우리 콘텐츠 시장은 중국 자본에 잠식될 위기에 직면했다. 외주 제작사가 늘어나면서 중국 자본에 의해 콘텐츠 경쟁력이 좌우되거나 핵심 인력이 중국으로 대거 유출되는 일이 빈번해졌다. 유통에서는 중국과 동남아시아를 주력 시장으로 생각하다 보니 혹시 중국 판로가 끊기지 않을까 전전긍긍했고, 실제로 한한령, 사드 등으로 직격탄을 맞은 우리 콘텐츠 시장은 침체기를 겪을 수 있다는 우려가 팽배했다.

〈여신 강림〉 속 과도한 중국 PPL(출처: tvN 드라마 〈여신 강림〉 제7화 방송화면)

최근까지만 해도 과도한 중국 PPL로 tvN 드라마 〈여신 강림〉, 〈빈센조〉 등은 여론의 뭇매를 맞아야 했다. 명백히 한국 드라마인데 중국 PPL에 의해 서울이 중국의 도시 중 하나처럼 보였고, 해외 시장에 수출될 우리 드라마의 정체성에 우려가 커지는 상황이었다. 그뿐만 아니라 중국 자본에 좌우되는 스토리의 맥락과 더 심각하게는 동북공정의 일환까지, 우리 콘텐츠 시장은 자칫 중국에 종속될 수 있다는 위기감마저 팽배했다.

이러한 위기 상황에서 OTT 서비스의 등장과 대중화는 우리 콘텐츠 시장에 새로운 돌파구를 마련해주었다. 그중에서도 해외 OTT 매체가 시장을 재편하면서 우리 콘텐츠 시장에 새로운 방향성을 제시하고 있다. 넷플릭스는 현재 한국 이용자 수가 528만 명(2022년 2월 기준)에 달하고, 해외 OTT 서비스 중 가장 많은 이용자 수를 보유하고 있다. 넷플릭스 한국 오리지널의 세계화 가능성을 보여준 〈킹덤〉의 성공 이후 〈오징어 게임〉, 〈지옥〉, 〈지금 우리 학교는〉까지 우리 콘텐츠의 세계 시장 공략이 성공적인 성과를 거두고 있다.

넷플릭스는 제작과 유통에 대한 우리 콘텐츠 시장의 우려와 문제점을 한 번에 해결할 수 있는 해결책이 되고 있다. 〈오징어 게임〉의 황동혁 감독은 인터뷰에서 창작의 자유를 보장하는 제작 환경에 대해 극찬하고, 전 세계에 동시에 공개된다는 것 또한 큰 이점으로 평가했다. 제작과 유통에 대한 창작자의 압박을 덜어주는 시스템의 승리는 창작자가 원하는 콘텐츠를 자유롭게 창작할 수 있게 하는 장점을 가져왔다. 즉 풍부한 제작비, 자유로운 창작 환경의 보장, 전 세계 동시 유통의 세 가지 조건이 더 나은 콘텐츠를 만들 수 있는 밑거름이 되고 있다.

세계 시장에서 우리 콘텐츠의 입지는 매우 높아졌다. 재미있는 스토리와 수준 높은 제작 환경이 앞으로의 전망을 더욱 밝게 하고 있다. 그동안 부족한 제작비, 제작비 확보를 위한 중국 자본의 유입, 이 때문에 스토리와 제작 방식이 중국 자본에 의해 제약을 받는 등의 악순환이 반복되었는데, 이러한 문제점들이 다소 해결된 것이다. 이에 따라 2022년 새롭게 선보일 넷플릭스 한국 오리지널 수만 이미 25개

〈오징어 게임〉 메인 포스터(출처: 넷플릭스)

작품이 넘는다고 하니 세계 시장에서 한국 콘텐츠에 대한 흥행 보장이 이미 이루어진 느낌이다.

넷플릭스뿐만 아니라 애플TV, 디즈니+를 비롯한 해외 OTT와 국산 OTT 채널의 오리지널 콘텐츠 제작 물결은 치열한 경쟁 속에 더 나은 콘텐츠를 소비할 수 있는 환경까지 만들어주고 있어 시청자 입장에서는 더욱 이익이다. 또한 소재의 다양성을 보장받으면서 방송 콘텐츠에서 쉽게 다룰 수 없었던 민감한 주제나 소재 등도 시청자 개인의 니즈에 맞게 선택할 수 있게 되었으니 OTT 서비스가 불러온 새

바람은 매우 반갑다.

하지만 개선해야 할 점도 상당수다. 가장 큰 문제점은 IP(Interllectual Property), 즉 지식재산권 문제다. 해외 OTT가 제작사에 제작비 전액과 수익 일부를 정산하는 대신 지식재산권(IP)을 가져가고 있다. 이로 인해 국내 제작사가 '하청화'된다는 우려가 많다. 작품이 공장 납품의 형태를 띠는데, 하나의 예술작품이자 창작물로서의 가치를 가지는 콘텐츠에 악영향을 줄 수 있다는 분석이다. 특히 콘텐츠는 고부가가치를 창출하는 핵심 원천이 되는 만큼 IP를 빼앗기는 것은 지속 가능한 콘텐츠로서의 성장을 방해하고, 더 나아가 '한국 콘텐츠'라는 본질을 지우는 행위로도 볼 수 있다. 예컨대 〈오징어 게임〉의 성공으로 관련 굿즈 상품이나 팝업 등 오프라인 경험의 확장이 해외 곳곳에서 이루어졌는데, 이에 대한 수익이나 저작권은 모두 넷플릭스에 귀속되어 있다. IP 상실로 인해 〈오징어 게임〉에서 발생하는 부가 수익을 기대할 수 없다.

어쩌면 자본에 의해 움직이는 콘텐츠 산업에서 해외 OTT나 중국이 우리 콘텐츠 시장에 미치는 영향은 본질적으로 비슷할지 모르겠다. 하지만 더 넓은 시장성과 자유로운 창작이라는 가장 큰 장점을 포기할 수 없는 입장에서 지금의 OTT 훈풍은 우리에게 훨씬 유리하다. 따라서 콘텐츠의 질은 더욱 높이고, 우리의 색깔을 유지하면서 저작권의 불이익까지 해소할 수 있는 정책적인 협조가 필요한 시점이다. 우리 콘텐츠의 IP 보호에 대한 경각심을 일깨우고, 시장과 정책의 공동 대응을 통해 우리 콘텐츠 산업의 발전과 보호에 집중해야 할 때다. 정부는 정책 주도권 싸움으로 시간을 허비할 것이 아니라 빠른 대응을 통해 우리 콘텐츠 시장을 보호할 의무를 다해야 할 것이다.

:: **김민정 변호사의 Talk**

OTT와 창작자, 콘텐츠 산업 발전을 위한 동반자

〈오징어 게임〉이 작년 한 해 흥행 돌풍을 일으키더니, 뒤를 이어 〈지금 우리 학교는〉이 또 한 번 넷플릭스 랭킹 세계 1위에 등극했다. 이렇듯 코리안 메이드 드라마들이 연이어 넷플릭스를 강타하면서 아시아에 국한되었던 한국 드라마와 영화의 위상은 글로벌 마켓에서도 그 가치를 인정받고 있다.

그런데 〈오징어 게임〉의 성공에도 불구하고 그로 인한 막대한 수익과 지식재산권을 넷플릭스가 독점하고 있다는 사실이 알려져 "한

〈지금 우리 학교는〉 현장 스틸 컷(출처: 넷플릭스)

국이 넷플릭스의 호구가 되는 것 아니냐"는 논란과 비판도 있었다.

〈오징어 게임〉의 전체 제작비는 약 200억 원, 총 9회 분량으로 치면 편당 22억 원 선에서 만들어진 것으로 알려져 있다. 넷플릭스 오리지널 시리즈의 제작비 1, 2위를 차지한 〈더 크라운〉, 〈기묘한 이야기〉 등은 편당 1,200~1,300만 달러(약 148~160억 원), 국내에서도 인기 있었던 〈브리저튼〉은 편당 700만 달러(약 84억 원)가 투입되었으니, 〈브리저튼〉 세 편 만들 돈으로 〈오징어 게임〉 전편을 만들 수 있는 셈이다. 넷플릭스가 자체적으로 평가한 〈오징어 게임〉의 가치는 무려 1조 원가량이어서 결과적으로 가성비가 끝내주는 작품이 되었다.

그렇다면 제작사인 싸이런픽쳐스에 지급된 수익이 과연 얼마일지는 모두의 관심사였다. 정확한 금액은 계약상 비밀이기 때문에 일절 공개되지 않았지만, 흥행에 따른 '성과급'이 없다시피 한 것은 확실하다. 다만 넷플릭스는 제작비 전액을 부담하는 오리지널 콘텐츠의 경우 통상 제작사에 총제작비와 10~30%의 마진을 추가로 지급하는데, 싸이런픽쳐스에 대략 20~50억 원 수준의 마진이 지급된 것으로 추산된다고 한다. 이것이 제작사의 입장에서 절대적으로 적은 액수는 아니지만, 〈오징어 게임〉의 가치에 비하면 새 발의 피도 되지 않는 금액이니, 글로벌 OTT 플랫폼을 상대로 적절한 수익 배분 시스템을 갖춰야 한다는 지적이 나오는 것도 당연하다.

수익뿐 아니라 작품, 관련 상품에 관한 권리 등 모든 지식재산권 역시 오로지 넷플릭스가 독점한다. 통상적으로 콘텐츠의 상표권은 제작사가 갖지만, 넷플릭스는 "제작비 다 대줄 테니 저작권은 우리가 갖겠다"는 것이 비즈니스 전략이고, 제작사들 역시 당초 계약을 체결할 때부터 같은 조건을 받아들이고 사인한다.

이렇듯 제작사에는 제작비의 10~30%에 해당하는 마진만 지급한 채 OTT가 막대한 수익과 권리를 독점하는 계약. 조건만 보면 이보다 불공정한 계약이 없는 듯한데, 정작 제작사인 싸이런픽쳐스는 불만이 없단다. 왜일까?

〈오징어 게임〉의 시나리오 집필과 연출을 맡았던 황동혁 감독이 "세계적인 인기에도 추가 수익이 없는데, 아쉽지 않냐"는 질문에 "아쉬움이 없다면 사람이 아니다. 그래도 알고 시작했고, 사인했다"고 대답했다며 그 '아쉬움'에 포커스가 맞춰진 기사들이 여럿 보도되었다. 그러나 또 다른 인터뷰를 통해서는 "2008년에 작품을 기획했지만 투자를 받기 어려웠다. 넷플릭스가 아니면 불가능했다. 만드는 내내 지금까지 이렇게 편안하게 작품을 해본 적이 없다"고 속내를 털어놓으며 계약에 대해 불만이 없다는 반응을 보였다. 이것이 불공정계약이 불공정하지 않은 현실적인 이유다.

OTT가 등장하지 않은 시절부터 막강한 파워를 가진 매체인 방송사와 '외주제작사' 사이에 불공정 문제는 있어왔다. 방송사 측이 제작비의 100%를 지불하지도 않으면서 저작권을 방송사로 귀속하는 부당한 행위가 '관행'이라는 이름으로 당연시되어 있었고, 대안이 없는 외주제작사들은 방송사의 갑질에 당하고만 있었다. 이러한 문제를 개선하기 위해 많은 논의와 제도적 보완이 있어왔지만, 방송프로그램 외주제작 작품의 저작권이 대부분 방송사에 귀속되고 있는 현실은 아직도 변함이 없다.*

---

* 『2021년 방송프로그램 외주제작 거래 실태보고서』(한국콘텐츠진흥원)에 따르면, '저작

이러한 처지에서 작품을 만들어온 제작사들로서는 넷플릭스가 제공하는 환경이 나쁠 리 없다. 제작비를 모두 지원해주니 자금에 대한 고민이나 부담 없이 오직 작품 자체에만 집중할 수 있고, 자금 조달 때문에 더 이상 PPL을 목숨줄로 여기지 않아도 된다. 이 때문에 넷플릭스 사무실 밖에는 프로듀서들이 줄을 서는 상황이라고 한다. 이러한 넷플릭스의 전폭적인 투자 덕분에 국내 드라마 예산도 함께 높아지면서 전반적인 제작 환경도 나아지고 있는 효과까지 있다.

설령 흥행에 실패한다 하더라도 투자에 대한 리스크를 넷플릭스가 전적으로 부담하는 구조이기 때문에 이에 대한 부담도 없다(넷플릭스는 한 번의 성공으로 수조 원의 부가가치를 만들어낼 수 있기 때문에 리스크를 충분히 감당할 수 있는 것이다). 〈오징어 게임〉의 경우도 투자 계약 당시는 지금과 같은 흥행을 예측하긴 어려웠다고 한다. 넷플릭스가 다소 폭력적인 소재를 한국에서 소화할 수 있을지에 대한 리스크를 감수하고 과감한 투자를 한 것이 흥행에 큰 역할을 한 것은 부인할 수 없는 부분이다.

이러한 현실적인 상황이 법리를 넘어서 계약 당사자의 협상력이 되고, 계약의 조건을 만든다. 즉 우리 제작사들로서도 콘텐츠의 우수성을 입증하게 되면 이제는 동등한 협상 테이블에 앉아서 큰 목소리를 낼 수 있게 되는 것이고, 〈오징어 게임〉 역시 시즌 2부터는 계약 조건이 달라지고 비로소 제값을 받을 수 있을 거라는 게 업계의 예측이다(돈 되는 만큼 몸값을 확실히 쳐주는 것이 미국 아닌가). 거기에 앞으로 디즈니 등의 국내 진출로 OTT 플랫폼사 간의 경쟁이 치열해지는 것도 제작사

재산권'의 권리 귀속 대상에 대해 방송사 74.6%, 제작사 8.8%, 방송사/제작사 공유 16.7%로 나타났다.

측에서는 긍정적인 요소다.

덧붙여 전문화된 리걸 시장과 정책적인 제도 개선 역시 이들을 서포트해줄 수 있다. 지금까지 국내 제작사들로서는 글로벌 OTT가 체결하는 선행 계약의 구체적 내용을 알 수 없었던 데다가 협상 경험도 부족해 그야말로 기울어진 운동장에서 협상을 해왔다. 넷플릭스의 경우 내부 변호사가 1천 명이 넘는데, 이런 프로들과 맞서 협상하고 제대로 거래가 될 수 있겠는가. 콘텐츠 시장의 부가가치가 무한한 만큼 우리 법률 시장 역시 이에 대한 전문성을 갖춰 우리 콘텐츠가 글로벌 시장에서 제값을 받도록 힘을 실어줘야 한다.

끝으로, 창작자의 권리보호, 문화산업 발전을 목적으로 하는 「저작권법」과 관련 제도의 정비를 통해 OTT에 비해 상대적 약자인 제작사, 그보다 더 약자인 창작자의 권리를 보호하되, 문화산업 전체가 동반 발전할 수 있는 기틀을 마련해야 한다. 제작비 책정에 있어 최저 마진율을 설정한다거나, 저작권을 창작자에게 최소한이라도 남겨두는 방법, OTT-제작사-창작자 간에 활용할 수 있는 다양한 계약서 양식을 제공하는 등의 방법이 있을 것이다.

코로나19로 인한 힘겨운 집콕 시간을 넷플릭스를 보며 견디고 있는 사람들이 많다. OTT가 든든한 뒷배가 되어 창작자나 제작자는 제작비와 리스크에 대한 부담 없이 만들고 싶은 고퀄리티의 콘텐츠를 마음껏 쏟아내길 바란다. 변화하고 있는 콘텐츠 산업 시장에서 적지 않은 마찰은 피할 수 없겠지만, 이들이 공정경쟁을 통해 동반 성장한다면 다양하고 풍성한 작품들로 멋진 아웃풋을 낼 수 있을 것이다.

Issue 2
메타버스 속 문화예술

:: 이현민 평론가의 Talk

포스트 코로나 시대가 만든 메타버스의 가속화

2021년을 뜨겁게 달구었던 주요 키워드를 몇 가지 뽑아보면, 포스트 코로나, 위드 코로나, 메타버스, 그리고 MZ세대 등으로 간추려 볼 수 있겠다. 경제 · 사회 · 문화 · IT를 관통하는 이 키워드들은 우리가 현재 직면한 시대적 갈등과 해결에 대한 앞으로의 방향성을 제시하고 있다. 그중에서도 메타버스는 2022년에 이어 앞으로 몇 년간 이어질 미래의 먹거리이자 핵심 전망으로 평가되고 있고, 우리가 메타버스에 주목해야 하는 이유도 이 때문이다.

네 가지 키워드가 서로 다른 분야를 대표하는 것 같지만, 실상은 매우 긴밀하게 연결되어 있다. MZ세대가 주도하는 메타버스의 시대, 그리고 메타버스를 더욱 가속화시킨 '코로나'라는 전 세계적 위기, 코로나를 극복하기 위한 포스트 코로나 대책과 위드 코로나까지. 이는 현재를 관통하는 시대적 흐름으로 이해할 수 있다.

먼저, 'MZ세대'라는 말은 2021년 수많은 매체에서 가장 많이 사용한 키워드 중 하나로 손꼽힌다. 트렌드를 이끄는 MZ세대의 행보가 새로운 유행을 선도함은 물론이고, 각 분야와 전 세대에 많은 영향을 미치고 있다. 특히 IT와 미디어 등 기술에 익숙한 MZ세대의 특징은 메타버스 시대를 더욱 가속화시키는 데 일조했다. '가상', '초월'을 의미하는 영어 단어 '메타'와 우주를 뜻하는 '유니버스'의 합성어인 메타버스는 현실세계처럼 사회 · 경제 · 문화 활동을 하는 3차원의 가상세계를 말한다. 메타버스는 가상현실(VR, 컴퓨터로 만든 가상세계에서 실제 같은 최첨단 기술을 경험하게 하는 것)보다 더 진화한 개념으로, 아바타를 활용해 게임이나 가상현실을 즐기는 데 그치지 않고 실제 현실 같은 사회 · 문화 활동을 할 수 있는 것이 특징이다.

얼마 전 BTS는 '포트나이트'라는 온라인게임에서 첫 영어 싱글 〈다이너마이트(Dynamite)〉를 최초 공개했다. 유튜브를 통해 뮤직비디오

방탄소년단 '포트나이트' 메인 포스터(출처: 빅히트엔터테인먼트)

를 최초 공개하던 기존의 방식을 탈피하여 메타버스 시대가 도래했음을 체감할 수 있었던 주요 사례로 평가할 수 있다. 수많은 포트나이트 유저들은 자신들의 아바타를 이용하여 BTS 뮤직비디오를 '직관'할 수 있었고, 현실의 나는 춤을 추지 못하더라도 자신의 아바타를 이용하여 함께 춤추며 BTS의 공연을 즐기는 등 이전에는 없던 완전히 새로운 형태의 공연문화를 만들어냈다.

또 미국의 유명 래퍼 트래비스 스콧 역시 코로나로 공연이 어려워지자 포트나이트 온라인게임을 이용하여 콘서트를 개최했다. 이 공연 당시 게임의 동시접속자가 1,230만 명 수준이었으며, 전 세계의 천만 명이 넘는 사람이 동시에 공연을 볼 수 있었다. 코로나로 인해 새로운 공연에 목말라 있던 관객과 가수 모두를 만족시키는 새로운 형태의 공연문화를 형성했다고 볼 수 있다.

트래비스 스콧이 자신의 아바타를 활용하여 가상세계에서 콘서트를 개최했다(출처: 포트나이트).

어찌 보면 '코로나'라는 변수가 없었어도 발전했을 메타버스이지만, 코로나라는 시대적 악재가 메타버스의 발전에 더 큰 날개를 달아준 것을 부인할 수 없다. 비대면이 일상이 된 현실에서 나를 대신할 수 있는 아바타의 존재가 실제 사회 · 경제 · 문화 활동을 향유한다는 것만으로도 새롭게 변화할 시대의 흐름을 예고하고 있다. 바이든도 2021년 대통령 선거에서 이 메타버스 가상세계를 활용한 선거 캠페인을 펼쳤다. 이는 미래의 생존 전략으로서 메타버스의 위치를 인정하고 이에 더욱 발 빠르게 대처할 때임을 전 세계에 각인시켜준 매우 유의미한 행보였다.

최근 메타버스 관련주가 연일 주식 시장의 강세로 떠오른 가운데 소프트웨어부터 AR · VR 장비까지 관련주로 평가받고 있지만, 무엇보다 플랫폼 기업들의 사업 확장세가 눈에 띈다. 페이스북은 이미 자

바이든 선거캠프에서 이용한 인기 게임 '모여라 동물의 숲'(출처: 바이든 캠페인 공식 웹사이트 갈무리)

신들의 사명을 '메타'로 바꿀 만큼 신사업에 적극적인 투자를 시작한 상태이고, 국내 기업 네이버는 글로벌 K-pop 시장에서 메타버스 플랫폼 제페토의 영향력을 확대하고 있다.

최근 블랙핑크는 네이버 제페토를 활용하여 팬 사인회를 개최했다. 제페토 플랫폼으로 접속한 전 세계 유저들이 블랙핑크의 사인을 받고, 자신들의 아바타로 블랙핑크 멤버들과 함께 인증샷을 찍는 등 전 세계 4,600만여 명이 가상 팬 사인회에 참여했다.

SM엔터테인먼트는 신인 여자 아이돌 '에스파'를 배출했는데, 그들은 데뷔부터 각 멤버의 인공지능(AI) 캐릭터를 함께 공개했다. 에스파는 '아이(ae)'로 지칭된 아바타들이 현실의 멤버들과 소통하고 교류하는 새로운 콘셉트를 제시했다. 실물 멤버는 카리나, 윈터, 지젤, 닝닝의 4인조 걸그룹인데, 이들과 짝을 이룬 AI 캐릭터 멤버 아이카리나, 아이윈터, 아이지젤, 아이닝닝이 존재한다. 2021년 11월 발표한 이들의 뮤직비디오에서는 AI 캐릭터들이 실물 4인조 그룹과 어울려 춤을 추며 대화를 나눠 흡사 8인조 합동공연을 보는 듯한 인상을 주었다. 이처럼 엔터기업 SM, YG, JYP, 하이브는 앞다투어 메타버스 관련주에 투자를 강행하고 있는데, 이는 코로나로 침체된 공연 시장의 새로운 돌파구이자 메타버스 세계로의 발 빠른 편입을 위한 시도로 평가할 수 있다.

이 밖에도 '아바타가 입을 명품'으로 명품브랜드 구찌가 제페토와의 협업을 통해 신상품 홍보 행사에 메타버스를 활용했다. Z세대가 머무는 공간인 메타버스에 그들의 새로운 관심사인 명품과 아바타 의상을 조합하여 센세이션을 불러일으켰다. 이제는 각 분야가 단순히 신사업의 개념을 넘어 기술과 통신 장비의 결합을 통한 가상세계와 현실세계의 유기적인 결합을 현실화하고 있으며, 이는 앞으로 맞이할 미래의 모습을 인정하고 준비하는 단계로 이해할 수 있을 것이다.

앞으로도 다양한 분야에서 무궁무진하게 펼쳐질 가상의 세계가 2021년 팬데믹과 함께 더욱 빠르게 우리의 삶 속으로 들어오고 있다. 1999년을 강타한 영화 〈매트리스〉가 이제는 현실로 구현될 시기가 얼마 남지 않았다. 아니, 어쩌면 이미 우리는 매트릭스 세계의 삶을 직간접적으로 경험하고 있는 것인지도 모르겠다.

:: 김민정 변호사의 Talk

메타버스 속 공연의 저작권 문제

어딜 가나 메타버스가 화두다. 사회 전 분야에서 메타버스는 빼놓을 수 없는 키워드로 떠올랐고 소셜미디어, 통신사 등 ICT 관련 기업은 물론 이제 일반기업, 국가기관, 대학 할 것 없이 메타버스라는 거대한 시대의 조류에 탑승을 서두르고 있다.

트렌드에 민감한 엔터테인먼트와 영화, 콘서트, 전시 등 문화예술 분야도 기술 변화에 따라가기도 급급했던 지금까지와 달리 메타버스라는 새로운 매체에는 빠르게 반응하고 있다. 메타버스에서 인기 가수의 콘서트에 참석해 공연을 즐기고, 3D 콘텐츠로 제작된 미술작품 전시회를 관람하는 것은 더 이상 놀랄 이슈가 아니다. 심지어 무대

예술을 온라인으로 전환하는 것조차 회의적으로 보았던 뮤지컬이나 연극계도 이제는 메타버스를 홍보와 마케팅 수단으로 적극 활용하기 시작하면서 공연 자체에 대한 활용 방안도 고민하고 있다.*

이렇듯 온 세상이 메타버스 시대의 도래를 환영하며 다가올 혁신적인 변화를 준비하고 있는데, 법과 제도는 언제나 그래왔듯이 이제 막 뒤늦은 발걸음을 떼려 하고 있다. 기술의 발전과 혁신이 세상을 바꾸면, 그것을 제도화하고 새로운 세상을 규율할 수 있는 법과 질서가 필요하기 마련이고, 세상의 변화에 뒤따라가며 각종 문제를 해결해야 하는 것이 법의 숙명이기 때문이다.

엔지니어들이 창조한 '가상의 세계', 말 그대로 현실에는 존재하지 않는 그곳은 현실세계의 질서와 다르고 현실에서 예상하지 못했던 수많은 문제가 발생할 가능성이 있다. 그 안에 사회와 커뮤니티가 형성되어 있고, 화폐를 통한 경제가 돌아가고 있으며, 문화가 있다. 각종 범죄 가능성 역시 농후한데, 실제로 온라인게임이나 메타버스 내의 아동 · 청소년에 대한 성범죄는 이미 이슈화되어 있다. 따라서 이 가상세계 안의 새로운 사회를 유지시키고 규율할 수 있는 법망이 형성되어야 하는데, 현실세계와는 다른 주체, 관계, 상황, 분쟁 등으로 인

---

* 2021년 11월 메타버스 플랫폼 '이프랜드'에는 국립극장 해오름극장을 본떠 만든 극장이 문을 열었다. 국립극장 관객 아카데미 프로그램 '스테이지 로그인'이 이곳에서 진행됐다. '제페토'에서는 2021년 12월 7일 개막을 앞둔 서울시뮤지컬단 뮤지컬 〈작은아씨들〉의 무대를 미리 만나볼 수 있도록 뮤지컬 공연 중 최초로 가상현실 맵을 오픈하며 '마치家 랜선 집들이' 이벤트를 진행했다. 극중 마치 가문의 네 자매가 사는 집을 가상의 공간에 꾸며내면서 관객이 언제 어디서든 제페토에 접속해 가상의 무대 공간을 자유롭게 둘러보며 공연 분위기를 미리 경험해볼 수 있도록 했다("대중문화 휩쓴 '메타버스' … 뮤지컬 · 연극계에서도 활용 가능할까", 〈데일리안〉, 2011.11.18, https://n.news.naver.com/mnews/article/119/0002549304?sid=103).

해 기존의 법제를 그대로 적용할 수도 없으니 결코 간단치 않은 문제가 될 것 같다.

한 예로, 메타버스를 활용한 '공연'에서만 해도 기존 「저작권법」을 적용하는 데 여러 가지 문제가 있다.

현행 「저작권법」은 저작물의 이용 방법을 크게 일곱 가지(복제, 공연, 공중송신, 전시, 배포, 대여, 2차적저작물작성)로 분류하고, 저작재산권자에게 이에 대해 허락할 수 있는 권리를 부여하고 있다(제16조~제22조). 저작물을 이용하려는 자는 위 일곱 가지 중 어떠한 방법으로 해당 저작물을 이용할 것인지에 따라 권리자로부터 그에 대한 허락을 받고, 권리자는 이를 허락함과 동시에 그에 상응하는 이용료를 지급받는다. 인터넷 홈페이지에 배경음악을 올리기 위해서는 저작권자로부터 '전송'에 대한 이용허락을 받고, 백화점 매장에서 음악을 틀 때는 '공연'에 대한 이용허락을 받는 것과 같다.

당연히 메타버스에서 콘서트를 열기 위해서도 해당 노래의 저작권자로부터 이용허락을 받고 이용료를 지급해야 하는데, 문제는 메타버스상에서 뮤지션의 아바타나 가상 아티스트의 연주나 노래로 공연할 경우, 이것이 과연 「저작권법」에서 정의하는 '공연'에 해당하는지 아니면 '방송'이나 '전송'으로 보아야 할지 명확하지 않다는 것이다. 그러니 이용자로서도 권리자로부터 어떤 허락을 받아야 할지 불분명하다.

「저작권법」상 '공연'은 "저작물 등을 상연 · 연주 · 가창 등의 방법으로 공중에게 공개하는 것"을 말하고, '방송'은 "공중파와 같이 음과 영상을 일방적 · 동시적으로 송신하는 것"이며, '전송'은 "저작물등

저작권법

제2조(정의) 이 법에서 사용하는 용어의 뜻은 다음과 같다.

3. "공연"은 저작물 또는 실연 · 음반 · 방송을 상연 · 연주 · 가창 · 구연 · 낭독 · 상영 · 재생 그 밖의 방법으로 공중에게 공개하는 것을 말하며, 동일인의 점유에 속하는 연결된 장소 안에서 이루어지는 송신(전송을 제외한다)을 포함한다.

8. "방송"은 공중송신 중 공중이 동시에 수신하게 할 목적으로 음 · 영상 또는 음과 영상 등을 송신하는 것을 말한다.

10. "전송(傳送)"은 공중송신 중 공중의 구성원이 개별적으로 선택한 시간과 장소에서 접근할 수 있도록 저작물등을 이용에 제공하는 것을 말하며, 그에 따라 이루어지는 송신을 포함한다.

을 개별적 · 이시적으로 제공하며 송신하는 행위"다.

통상 '공연'은 다중이 공연장과 같이 특정한 공간에 모여 음악이나 극 등의 실연을 관람하는 개념으로 이해되어왔는데, 뮤지션이 모션 인식 센서를 부착하고 화면상으로는 아바타를 통해 실시간으로 진행되는 퍼포먼스와 이를 보는 관객 아바타들의 행위가 과연 기존의 '공연'이라는 개념에 포섭될 수 있을지 의문이다. 메타버스에서의 공연은 오프라인상의 '특정 공간'을 포함하는 기존 '공연'의 개념보다는 오히려 온라인상의 송신 행위를 의미하는 '방송'이나 '전송'에 가깝다는 의견이 적지 않고, 이는 앞으로 많은 논의를 통해 정리되거나 혹은 새로운 개념으로 정의될 필요도 있어 보인다.

저작권법

제2조(정의) 이 법에서 사용하는 용어의 뜻은 다음과 같다.

4. "실연자"는 저작물을 연기 · 무용 · 연주 · 가창 · 구연 · 낭독 그 밖의 예능적 방법으로 표현하거나 저작물이 아닌 것을 이와 유사한 방법으로 표현하는 실연을 하는 자를 말하며, 실연을 지휘, 연출 또는 감독하는 자를 포함한다.

⋮

제66조(성명표시권)

① 실연자는 그의 실연 또는 실연의 복제물에 그의 실명 또는 이명을 표시할 권리를 가진다.

② 실연을 이용하는 자는 그 실연자의 특별한 의사표시가 없는 때에는 실연자가 그의 실명 또는 이명을 표시한 바에 따라 이를 표시하여야 한다. 다만, 실연의 성질이나 그 이용의 목적 및 형태 등에 비추어 부득이하다고 인정되는 경우에는 그러하지 아니하다.

제67조(동일성유지권)

실연자는 그의 실연의 내용과 형식의 동일성을 유지할 권리를 가진다. 다만, 실연의 성질이나 그 이용의 목적 및 형태 등에 비추어 부득이하다고 인정되는 경우에는 그러하지 아니한다.

제68조(실연자의 인격권의 일신전속성)

제66조 및 제67조에 규정된 권리(이하 "실연자의 인격권"이라 한다)는 실연자 일신에 전속한다.

다음으로, 가상 아티스트의 공연을 「저작권법」상의 '실연'으로 보고, 가상 아티스트 또는 해당 인공지능 프로그램을 구동한 자에게 '실연권'을 인정할 수 있을지도 새로운 쟁점이다. 현행 「저작권법」에서 정의되는 '실연자'는 실제로 실연을 행한 자, 즉 저작물을 직접 표현한 자이기 때문에 프로그래머를 실연자로 보기에는 무리가 있다. 또한 실연자에게 인격적인 권리(제66조~제68조)가 있음을 고려하면 가상 아티스트에게 실연권을 인정하기도 곤란하다. 그럼에도 가상 아티스트의 공연이 복제, 전송 등으로 널리 이용되는 경우, 그 이용에 대한 대가는 누구에게 또 어떻게 지급되어야 할지 아직 의문인 상태다.

한편 유명 아티스트의 이름과 외모를 그대로 본딴 아바타의 가상콘서트에서 '퍼블리시티권'이 인정되는지 여부도 상업적으로 매우 중요한 쟁점이다. '퍼블리시티권'은 "유명인이 자신의 성명, 초상, 사진, 목소리, 서명, 이미지 등의 상업적인 이용을 허락할 수 있는 권리"인데, 미국의 판례법상 발전한 개념이지만 그동안 국내법상으로는 명

부정경쟁방지법[시행 2022. 4. 20.]

제2조(정의) 이 법에서 사용하는 용어의 뜻은 다음과 같다.

1. "부정경쟁행위"란 다음 각 목의 어느 하나에 해당하는 행위를 말한다.

타. 국내에 널리 인식되고 경제적 가치를 가지는 타인의 성명, 초상, 음성, 서명 등 그 타인을 식별할 수 있는 표지를 공정한 상거래 관행이나 경쟁질서에 반하는 방법으로 자신의 영업을 위하여 무단으로 사용함으로써 타인의 경제적 이익을 침해하는 행위

문 규정이 없어 법원도 사안마다 엇갈린 판단을 해왔다. 드디어 지난 11월 최초로 '퍼블리시티권' 개념을 명문화한 「부정경쟁방지법」 개정안이 국회를 통과해 올해 4월부터 시행되고 있다.

앞으로 메타버스 시대에 '아바타'가 미칠 경제적 파급력은 막대할 것으로 예상되고, 초상 등에 대한 인격권적 측면의 보호만으로는 메타버스 내에서 일어날 수 있는 대규모 재산권 침해에 대한 보호가 충분치 않은데, 지금이라도 '퍼블리시티권' 침해에 적극 대응할 수 있는 법적 근거가 마련된 것은 참으로 다행이다. 법령의 구체적인 해석과 적용에 대해서는 향후 다양한 개별 사례를 통해 추가적인 논의가 필요하겠지만, 메타버스 관련 경제 규모가 급속도로 커지고 있는 현실에서 '퍼블리시티권'에 대한 적극적인 보호는 더 이상 미룰 수 없다.

그야말로 신세계, 새로운 세상이 열리고 있다. 그 안에서 창조되고 유통될 수많은 콘텐츠를 통해 문화예술계는 무한한 도전을 하게 될 것이고, 동시에 그만큼의 리스크도 안게 될 것이다. 부디 관련 법규의 정비가 늦지 않게 이루어져 큰 혼란과 분쟁을 방지하는 메타버스 사회의 안전망 역할을 하게 되기를 바란다.

Issue 3
OTT의 성장과 규제

:: 이현민 평론가의 Talk

글로벌 경쟁력과 OTT 시장의 우위 선점, 두 마리 토끼 잡는 법?

〈오징어 게임〉이 2021년 추석 연휴 안방 콘텐츠 시장을 제패했다. 방송 콘텐츠가 아닌 OTT 콘텐츠가 시장을 제패하다니! 설 · 추석 연휴가 방송 3사의 파일럿 예능 프로그램 시험장으로 평가받았던 최근 몇 년과 비교하면 엄청난 변화다. 2021년 추석 연휴 기간, 그리고 연휴가 끝난 9월까지 언론은 〈오징어 게임〉 기사를 연일 쏟아냈다. 그야말로 〈오징어 게임〉 신드롬이다.

OTT 시장이 급성장하면서 콘텐츠 생태계가 완전히 뒤바뀌고 있다. 사람들은 이제 방송사 시간에 맞춰 방송을 찾아보는 데 무관심하다. 또한 방송국이 편성하는 프로그램을 수동적으로 시청하는 것이 아니라 원하는 콘텐츠를 능동적으로 찾아보는 데 더욱 익숙해지고 있다. 이렇다 보니 방송사는 방송사대로, OTT 업계는 OTT 업계대로 비상이다. 떠나가는 시청자, 새로 유입되는 시청자를 붙잡기 위해 수단과 방법을 가리지 않고 있다.

〈오징어 게임〉은 '넷플릭스 오리지널'이라는 이름으로 해외 OTT인 넷플릭스 이용자만 볼 수 있는 독점 콘텐츠다. 넷플릭스에서 2021년 8월 출시한 한국 오리지널 콘텐츠 〈디피(D.P)〉에 이어 〈오징어 게임〉까지 연이어 흥행에 성공하며 넷플릭스가 8월 한국에서 역대 최대 월 결제 금액을 갱신했다. 가히 폭발적인 파급력이다. 국내 OTT 업계는 비상이다. 그렇지 않아도 국내 OTT인 웨이브, 티빙 등의 이용

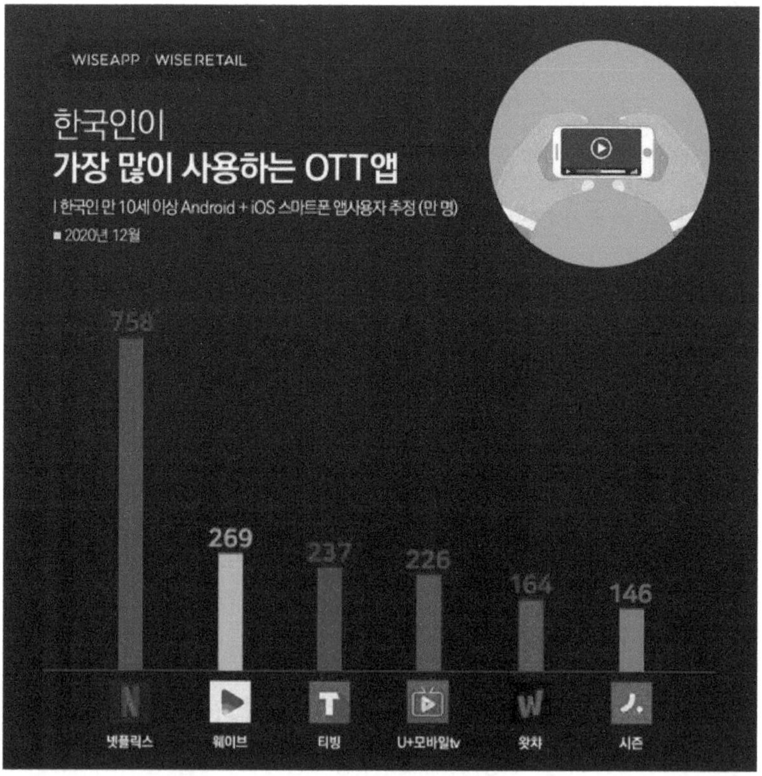

2020년 말 기준 국내 OTT 사용자 수 현황(출처: 와이즈앱)

자 수가 넷플릭스의 절반에도 못 미치는 상황인데, 이제는 이렇다 할 경쟁조차 할 수 없는 상태가 될 수 있다는 우려 때문이다.

〈오징어 게임〉의 성공 공식으로 볼 때, 킬러 콘텐츠만이 OTT 시장을 움직일 수 있다는 분위기가 지배적이다. 잘 만들어진 콘텐츠를 보기 위해 비용을 더 주고라도 새로운 OTT에 적극적으로 가입하는 시청자가 늘고 있다는 것이다. 그럼에도 정부와 업계에서는 이러한 실상을 파악하지 못한 채 규제를 통한 OTT 시장 우위를 선점하려 하고 있다. 안타까운 헛발질이 아닐 수 없다.

국내 OTT 업계는 다양한 규제 대책으로 해외 OTT 시장의 한국 시장 성장을 막아야 한다는 입장이다. 규제 대책은 크게 두 가지인데, 첫 번째는 OTT 콘텐츠 쿼터제로 해외 OTT에 국산 콘텐츠 비중을 30% 이상 보장하고 의무 제공하게 만들자는 규제안이다. 이는 영화의 스크린쿼터제와 유사하다. 국산 콘텐츠 시장 보호를 위해 글로벌 콘텐츠의 비중이 높은 해외 OTT에 일정 비율 이상의 국산 콘텐츠를 의무 제공하도록 조치해야 한다는 것이다. 하지만 해당 규제안에 대한 의견은 엇갈린다. 콘텐츠 쿼터제는 콘텐츠 제작이 국내에 비해 활발하지 않은 유럽의 사례를 모델로 한 것으로, 국내 실정에는 맞지 않는다는 의견이 지배적이다.

또한 웨이브나 티빙 등의 OTT는 국내 드라마와 예능 프로그램 등의 콘텐츠 제공을 통해 해외 OTT와의 차별화를 두고 있는데, 쿼터제가 시행될 경우 오히려 국내 OTT 업계에 더 큰 타격을 줄 수 있다는 것이다. 1966년도에 제정된 영화에 대한 스크린쿼터제 또한 시대착오적이라는 지적과 함께 콘텐츠 경쟁력을 위해 폐지되어야 할 제도라는 의견이 적지 않은 시점에 콘텐츠의 글로벌 시장 진출 희망과 쿼터제의 시행은 이율배반적으로 보이기까지 한다.

두 번째는 해외 OTT에 대해 망 사용료를 지급하게 하여 역차별을 해소해야 한다는 입장이다. 현재도 재판이 진행 중인 해당 규제는 국내 인터넷망을 사용하고 있는 넷플릭스로 인해 트래픽이 과도하게 늘어나는 만큼 이에 대한 비용을 넷플릭스 측이 부담하는 것이 적절한지 여부에 대한 논의다. 국내 OTT 업체들은 추가 망 사용료에 대한 비용을 지급하고 있는 만큼 국내 기업에 대한 역차별을 뿌리 뽑아야 한다는 취지다. 넷플릭스와 진행 중인 소송의 향방은 2심이 아직 진행 중인 만큼 그 결과를 지켜봐야겠지만, 역차별을 내세워 넷플릭스를 압박하는 것은 해외 OTT의 성장에 대한 견제와 대비로 비추어지는 것이 사실이다. 물론 우리 사업자가 역차별을 당해서도 안 되겠지만, 망 사용료 부가를 빌미로 OTT 시장 점유에 제동을 거는 것은 아닌지 우려스러운 것이 사실이다.

두 가지 규제안 모두 국내 콘텐츠 산업 보호라는 대의를 가지고 있지만, 글로벌 시장에서 콘텐츠 위상이 점점 높아져가는 대한민국에 이는 오히려 시대착오적인 규제들이 아닌가 하는 생각이 든다. 특히 중국 자본이 한국 콘텐츠 시장을 잠식하고 있는 상황에서 중국의 입맛에 따라 콘텐츠의 주제나 내용이 바뀌는 콘텐츠가 아닌, 제작의 자유를 부여하고 있는 해외 OTT 자본은 오히려 우리 콘텐츠 시장에 새로운 활력을 불러일으키고 있다.

혹자는 〈오징어 게임〉의 성공에 대해 가장 한국적인 것이 가장 세계적인 경쟁력을 갖게 되었다고 이야기한다. 즉, 글로벌 경쟁력을 위한 콘텐츠 정책은 규제가 아닌 자유와 시장 논리, 자본의 눈치를 보지 않는 창작에서 비롯되는 것이고, 이를 통해 OTT 생태계가 자연스럽게 재편되어야 할 것이다. 따라서 발전적인 글로벌 콘텐츠로 도약하기 위해 글로벌 경쟁력과 해외 OTT 규제안을 효과적으로 융화시키는 정책이 그 어느 때보다 시급하다.

:: 김민정 변호사의 Talk

잔칫상 벌어진 OTT 산업, 뒤늦게 숟가락 든 규제 당국

집콕 생활이 길어지면서 넷플릭스, 웨이브, 티빙, 왓챠 등 국내외 온라인 동영상 서비스(OTT, Over The Top) 이용자도 크게 늘어났다. 특히 넷플릭스는 그야말로 승승장구 중인데, 넷플릭스 코리아의 매출과 영업이익은 2020년 동기 대비 각 123.5%, 295% 상승했다.* 그런데 지난 11월부터 강력한 대항마인 디즈니+가 국내에서 공식 서비스를 시작해 본격적으로 치열한 경쟁에 돌입하고 있다.

넷플릭스는 현재 SK브로드밴드와 '망 사용료 소송'을 한창 진행 중이다. 글로벌 콘텐츠제공사업자(Contents Provider · CP)와 국내 인터넷제공사업자(Internet Service Provider · ISP) 간의 '망 사용료' 갈등은 꽤 오래되었는데, 네이버, 카카오 등 국내 CP들은 ISP에 망 사용료를 일부 내왔

* "한국서만 4155억원 벌었다 … 넷플릭스, 국내 실적 첫 공개", 〈중앙일보〉, 2021.4.12. https://www.joongang.co.kr/article/24033470

지만, 넷플릭스 등 글로벌 CP들은 국내에 사업자를 두고 있지 않다는 이유로 망 사용료를 내지 않고 있었기 때문이다. 결국 넷플릭스는 "망 사용료를 지급할 수 없다"며 SK브로드밴드를 상대로 채무부존재 확인소송을 제기했는데, 법원은 1심에서 SK브로드밴드의 손을 들어줬고* 현재 항소심이 진행 중이다.

넷플릭스의 주장은 "망 관리 의무는 ISP에 있으므로 이들에게 망 사용료를 낼 의무가 없다. 특정 서비스에 망 사용료를 요구하는 것은 콘텐츠 차별을 금지하는 '망 중립성 원칙'에 어긋난다"는 것이다. 이에 SK브로드밴드는 "망 사용료는 기본적으로 유상이고, 넷플릭스가 미국과 프랑스 등의 통신사에 망 사용료를 지급해온 만큼 한국에서도 이를 내야 한다"며 "넷플릭스가 트래픽 관리에 중대한 영향을 끼치는 만큼 이에 대한 공동관리 의무가 있어 망 사용료를 내야 한다"고 맞서고 있다. 1심 재판부는 "넷플릭스는 SK브로드밴드에 적어도 인터넷망에 대한 연결 및 그 연결 상태의 유지라는 유상의 역무를 제공받는 것에 대한 대가를 지급할 의무를 부담한다"고 판단하며 SK브로드밴드의 손을 들어줬다.

한편, 웨이브나 왓챠 등 국내 OTT 업계의 상황으로 눈을 돌리면, 이들 역시 지난해 코로나19 덕에 매출이 크게 신장했는데 오리지널 콘텐츠 투자로 인해 아직 적자 행보가 계속되고 있다. 그러나 나름의 규모 있는 투자에도 불구하고 막대한 자본력을 가진 해외 OTT 콘텐츠와 경쟁하기에는 역부족으로 보인다. 더구나 이런 상황에 OTT 관련 법제는 아직 체계적인 시스템을 갖추고 있지 못한 터라 국내 업계

* 서울중앙지방법원 2021.6.25. 선고 2020가합533643 판결

는 법정 공방을 벌이고 입법을 촉구해가며 개발에 쏟아야 할 힘을 엉뚱한 데 낭비하고 있다.

최근 웨이브, 티빙, 왓챠 3개 사는 지난해 2월 문체부를 상대로 '음악저작물 사용료 징수규정 개정안'을 취소해달라는 소송을 제기해 현재 진행 중이다. 한국음악저작권협회가 OTT에 적용하게 될 '영상물 전송 서비스' 조항을 신설해 음악 저작권 요율을 올해 매출의 1.5%부터 시작해 2026년까지 1.9995%로 올리는 개정안을 문체부에 제출했고, 문체부는 지난해 7월 관련 업계와의 협의 없이 해당 개정안을 수정 승인했다. OTT사들은 저작권료를 기존 방송물 재전송서비스(VOD) 요율인 0.75%와 비슷하게 책정해야 한다는 입장인 반면, 문체부는 넷플릭스의 사례(매출의 2.5%)와 비교해 적정한 요율이라고 보고 있다. 3사는 해당 규정에 ① 절차

문화체육관광부와 OTT 업계와의 'OTT 음악저작권 상생협의체'(출처: 연합뉴스)

적 · 실체적 위법 ② 문체부 재량권 일탈 남용 ③ 저작권법 위반 소지가 있다고 주장하며 문체부를 상대로 처분취소소송을 진행하고 있는 것이다.

이렇듯 국내 및 해외 OTT 업체들 모두 법적 분쟁을 벌이며 발목을 잡히고 있는데, 이는 OTT 시장이 무서운 속도로 성장해 이미 대중에게 깊숙이 자리 잡은 반면, 이들을 규제하고 또 뒷받침해줄 법제는 마련되어 있지 않기 때문이다. 정부는 2020년 "한국판 넷플릭스를 육성하겠다"며 2022년을 목표로 한 '디지털 미디어 생태계 발전방안'이라는 OTT 진흥 계획을 발표했는데, 1년이 넘는 기간 동안 전혀 진척을 보이지 않다가 지난 연말에서야 국회가 관련법 개정안을 일괄 처리하면서 겨우 지원 근거가 마련되는 중이다.

시스템 마련에 속도가 나지 않고 있는 가장 큰 이유는 주무부처의 부재 때문이다. OTT는 인터넷 기반 서비스이기 때문에 기존 「방송법」으로는 규제할 수 없고, 통신 · 방송사와 달리 '부가통신사업자'로 분류된다. 그러다 보니 현재 방송 정책은 방송통신위원회, 통신망은 과기정통부, 콘텐츠는 문체부가 각각 따로 관리하고 있으며, 세 부처는 각각 OTT 전담 부서를 설립하는 등 OTT 주무부처를 맡기 위해 치열한 신경전을 벌이는 중이다.

방통위는 기존 방송 서비스와 OTT를 총괄하는 「시청각미디어서비스법」 입법을 추진하고 있다. 과기정통부는 「전기통신사업법」상 OTT를 '특수 유형 부가통신역무'로, OTT 사업자를 '특수 유형 부가통신사업자'로 정의하고, OTT 사업자에게도 영화 · 방송 등 콘텐츠 제작에 대해 이뤄지는 세액공제 등 정책 지원을 제공한다는 입장이다. 문체부는 OTT 영상물 등급을 사전심의가 아닌 사업자 자체 분류로 매길 수 있는 '자율등급제' 도입 차원에서 「영화 · 비디오물진흥법」 개정안을 준비 중이다.

이렇게 사공이 셋이나 되다 보니 진흥책은 산으로 가고 있다. 입법조사처에 따르면 "OTT 포함 디지털 미디어 전반에 관한 법을 두고 부처 간 입장이 상이해 부처 간 협의 등에 상당한 시일이 소요될 수밖에 없는 상황"이라고 한다. 역동적으로 움직이는 시장과 달리 정책 로드맵은 한 걸음도 떼지 못한 상황이다. 업계에서는 현 상태라면 OTT를 비롯한 디지털 미디어의 성장 적기를 놓쳐 넷플릭스 등 해외 플랫폼에 장악당하고, 국내 OTT는 K-콘텐츠 하청기지로 전락할지도 모른다며 불안해하고 있다.

거창한 '한국판 넷플릭스'까지는 아니더라도 국내 OTT 시장을 지켜내기 위해서는 이제라도 컨트롤타워 역할의 부처를 정하고, 각 부처의 역할 분담을 확실히 함과 동시에 하루빨리 플랫폼과 콘텐츠 모두를 아우르는 새로운 기준과 체계를 세워야 한다. OTT는 기존의 방송과 달리 방송 · 통신 · 콘텐츠 등 복합적인 성질과 역할을 가지고 있으므로 결국은 기존 「방송법」 및 통신 관련법이 아닌 독자적인 법제를 마련해야 할 것이다. 이를 위해 국무조정실이 각 부처의 정책과 역할을 조정하거나 혹은 국무총리 직속으로 별도의 기구를 만드는 것도 방안이 될 수 있다.

무엇보다 여기서 만들어지는 법규는 규제가 아닌 '진흥'에 초점을 맞춰야 한다. 업계 관계자들은 규제보다 지원 중심의 정책을 목말라하고 있다. 정부는 지난해 발표한 발전방안에서 OTT 산업에 대해 '최소 규제와 대형화 촉진 원칙'을 천명하며 콘텐츠 · 플랫폼의 해외 진출을 지원하기 위해 1조 원 이상 규모의 펀드를 조성하겠다고 호언장담했으나, 펀드 규모는 목표액에 한참 모자라고, 영상 콘텐츠 제작 지원금은 약 300억 원에 불과하다. 〈킹덤〉 여섯 편 제작에 600억 원이 들어갔으니 드라마 한 편도 만들기 힘든 금액이고, 작년 한 해만 약 5,500억 원을 국내 콘텐츠 제작에 사용한 넷플릭스와는 비교하기조차 어렵다.

부서 간의 밥그릇 싸움에 OTT 관련 법제 마련이 더 이상 미뤄져서는 안 된다. 막대한 자본력과 콘텐츠를 갖춘 넷플릭스와 디즈니+가 K-콘텐츠를 점령하기 일보 직전이다.

Issue 4
코로나19 시대의 온라인 공연

:: 이현민 평론가의 Talk

The Show must go on? 온라인 공연의 미래

팬데믹 이전 우리의 일상에는 각종 음악 연주회, 독창회, 발레, 오페라, 뮤지컬, 콘서트, 뮤직 페스티벌까지 수많은 공연이 함께했다. 주말과 연휴, 휴가 때면 사람들은 다양한 공연을 즐기며 풍요로운 문화생활을 향유했다. 공연 업계도 그 어느 때보다 성황을 이루었고, 쇼 비즈니스의 확장성도 날로 높아지고 있었다. 아이돌 콘서트의 경우, 파생 비즈니스도 다양하게 만들어졌다. 아이돌 콘서트를 보려고 국내로 입국하는 해외 팬들의 유입으로 관광 비즈니스는 성황이었으며, 중국이나 일본, 동남아 국가의 팬들은 아이돌과 물리적 거리를 가까이하기 위함(!)과 아이돌 사랑이 한국에 대한 관심으로 이어져 국내 유학을 강행하는 경우도 적지 않았다. 이처럼 공연 시장의 인프라는 지난 수년간 견고했고, 다양한 수익을 창출하는 레드오션 중 하나였다. 하지만 안타깝게도 코로나 팬데믹은 공연 시장의 비즈니스 판도를 완전히 뒤바꾸어놓았다.

팬데믹이 생각보다 길어지자 공연계는 새로운 탈출구를 마련했다. 이른바 온라인 공연이다. 온라인 공연은 온라인을 통해 공연 실황을 스트리밍하거나 유료 온라인 공연을 통해 티켓을 구매한 관객에게만 시청권을 부여하는 형태의 새로운 유통 방식이다. 공연 업계의 경영난으로 시작된 새로운 돌파구이자 어쩔 수 없는 선택이기는 하지만, 온라인 공연에 대한 의견은 여전히 분분하다. 온라인 공연이 과연 우리가 말하는 '공연'이 맞느냐에 대한 본질적인 의문 때문이다.

사실 대중 예술이든 고전 예술이든 공연의 묘미는 공연이 가진 현장성과 유일무이성에 있다. 현장성의 경우, 공연 현장에서 예술가와 관객의 호흡, 그날의 분위기, 땀과 냄새까지 공연을 즐기기 위한 필요충분조건이 된다. 현장에서 벌어지는 귀여운 실수도 관객에게는 그날의 추억이 될 수 있듯, 현장성이 가지는 공연의 즐거움은 관객을 또다시 공연장으로 불러들인다. 예를 들어 뮤지컬 팬들의 뮤지컬 N차 관람은 단순히 자신이 사랑하는 예술가를 응원하기 위함이 아니라 어제의 음색과 오늘의 분위기, 현장성이 매일 달라지는 공연 자체를 즐기고 그 기분을 만끽하기 위함일 것이다.

유일무이성도 마찬가지다. 오늘의 공연이 내일 완전히 똑같이 그대로 반복될 수는 없다. 오늘의 공연을 내일 그대로 즐기기 위해서는 해당 공연을 비디오로 담는 수밖에 없는데, 비디오를 통해서도 그 공연에서 느꼈던 나의 감정이 그대로 전달될 수는 없다. 공연은 그날 그 자체만으로 유일무이한 것이 된다. 이처럼 공연이 가지는 현장성과 유일무이성은 그 공연의 아우라를 형성하고, 이를 통해 관객은 물론 예술가까지 모두 살아있음을 몸소 느끼는 과정으로 이해할 수 있다. 그만큼 공연은 공연으로서 가지는 고유의 특수성이 있고, 그 무엇과도 대체할 수 없는 자신만의 색깔을 유지해왔다. 이는 대중문화(미디어)가 계속 발전해도 공연예술 시장만은 사장되지 않는 가장 중요한 이유 중 하나이고, 뜨거운 논쟁이 계속될 수밖에 없는 이유일 것이다.

하지만 최근 온라인 공연의 몇몇 성공 사례는 새로운 가능성을 열어준 계기가 되었다. 뮤지컬 〈모차르트〉와 〈신과 함께: 저승 편〉, 〈귀환〉 등이 유료 온라인 공연으로 큰 호응을 얻었다. 특히 온라인 공연의 특장점인 장소의 제약에서 벗어난 "더 많은 사람이 즐기는 공연"이라는 모토에 걸맞게 해외 팬들의 온라인 공연 시청이 늘어났고, 이는 공연 제작자들에게 새로운 기회를 제공했다고 평가할 수 있다. 클래식 공연의 온라인 스트리밍도 있었는데, 2020년 베토벤 탄생 250주년을 맞아 서울시향의 송년 음악회 〈교향곡 제9번 합창〉이 성

서울예술단 〈신과 함께: 저승 편〉 공연 모습(출처: 네이버)

황리에 공연을 마쳤다. 서울시향의 온라인 공연의 성공적 마무리도 클래식의 새로운 도전이라는 측면에서 좋은 평가를 얻었다. 특히 진입 장벽이 높게만 느껴졌던 클래식의 대중화에 '온라인'이라는 새로운 유통 시스템이 또 다른 활력을 제공해줄 수 있을 것이라는 기대가 새로운 가능성으로 평가되었다.

이처럼 팬데믹이라는 예기치 못한 악재는 문화계 전반을 뒤바꾸어놓고 있다. 자의 반 타의 반 시작된 공연계의 변화도 본질적인 측면에서 뜨거운 논란의 중심에 있지만, 현실적 측면에서는 선택이 아닌 필수적인 변화일 것이다. 하지만 중요한 것은 온라인 공연이 팬데믹 시대를 거치면서 무한한 발전을 거듭한다고 해도 공연은 언젠가 다시 우리 곁으로 돌아올 것이라는 점이다. 아무리 발전된 온라인 공연이라 해도 공연 자체의 매력을 영원히 대체할 수는 없다. 곧 다시 회복될 일상을 기대하며, 현재의 이 난국을 헤쳐나갈 새로운 대안을 마련하고 있을 뿐이다. 언젠가 다시 돌아올 뜨거운 함성의 공연을 위해 "The Show must go on!"이다.

:: 김민정 변호사의 Talk

'집콕'이 만든 새로운 공연 시장과 창작자의 권리

공연계는 그야말로 코로나19의 직격탄을 맞았다. 그나마 지난 연말에 잠시 시행했던 위드 코로나로 잠깐의 회복세를 보였는데, 끝나지 않는 각종 변이 바이러스의 유행 때문에 불안한 상황은 그 끝을 알 수 없는 상태다.

공연의 취소, 연기, 관람객의 감소에 따른 매출액 급감으로 업계에서는 인력 감축과 폐업이 줄줄이 이어졌고, 배우, 연주자 등 실연자들 역시 그야말로 무기한 휴업 상태를 경험했다. 이렇듯 사상 유례 없는 위기가 계속되자, 공연계는 이제까지 익숙지 않았던 '온라인 공연'이라는 돌파구를 택할 수밖에 없었다.

지금까지 우리는 왜 공연장을 찾았는가? 관객석까지 생생하게 전달되는 배우의 호흡과 공연장을 꽉 채운 긴장감, 고가의 음향 시스템으로도 재현할 수 없는 악기 본연의 소리에 온전하게 몰입하는 그 순간의 경험을 위해서였다. 이렇듯 공연의 본질은 '현장성'이기 때문에 이제까지 공연 실황 영상은 공연의 부가 상품이었을 뿐 온전한 대체재로는 여겨지지 않았다.

관객과 공연계 종사자들 모두 이러한 사실에는 이견이 없음에도 전례 없는 위기 상황이 이어지자 온라인 공연 시장으로 눈을 돌릴 수밖에 없었고, 공연장에 출입조차 하기 어려운 상황에서 '영상'이라는 대체재가 있다는 것은 불행 중 다행이다. 게다가 그간의 영상 및 음향 기술의 발달은 '현장감'에 대한 욕구의 상당 부분을 채워줄 정도가 되었고, 시공간을 초월한 접근의 편의성까지 더해져 온라인 공연은 다양한 플랫폼으로 확대되며 코로나 시대 공연계의 구원투수 역할을 톡톡히 하고 있다.

사실 해외 유명 극장과 콘서트홀들은 코로나19 이전부터 공연의 영상화를 시도해왔다. 현장성과 일회성이라는 제약으로 인해 공연 시장의 성장에는 한계가 있는데, 기술을 이용해 이러한 한계를 극복하는 동시에 전 세계의 예술 애호가들에게 언제 어디서든 최고 수준의 공연을 즐길 수 있도록 한 것이다. 대표적으로 뉴욕 메트로폴리탄 오페라하우스의 〈Metropolitan Opera Live in HD〉(2006~)는 전 세계 64개국 1,900개 영화관에 오페라를 생중계했고, 2년도 지나지 않아 오페라 관객 수를 능가하는 관객이 영화관을 찾았다. 영국 국립극장(National Theatre)의 〈NT Live〉(2009~)는 '연극'과 '뮤지컬'로 온라인 공연의 장르를 확대했고, 베를린 필하모닉 오케스트라의 〈Digital Concert Hall〉(2008~)은 스마트폰 앱을 통해 베를린 필하모닉의 공연을 실황 중계할 뿐 아니라 아카이브 영상, 희귀 다큐멘터리 영상까지 회원제로 서비스하고 있다.

국내의 경우 예술의 전당이 2013년 〈SAC on Screen〉(2013~)으로

베를린 필하모닉 오케스트라의 〈디지털 콘서트홀〉 메인 홈페이지

스타트를 끊었는데, 당시 공연장 접근이 어려운 지역 주민에게 공연을 접하게 하기 위한 문화복지 차원으로 시작했다. 이후 해외 한국문화원과 CGV 상영 등 사업 범위를 넓혀나가다가 최근에는 녹화 영상 송출과 실황 중계를 병행하며 수익 목적의 영상 제작 작업도 진행되고 있다. 국립극단은 지난해 11월 연극 OTT 플랫폼인 '온라인 극장'의 문을 열어 화제가 되었다. 상업성을 지향하는 단체가 아닌, 전통 연극 전문 단체인 국립극단이 변화에 앞장선 것이다. 온 · 오프라인을 막론하고 더 많은 관객이 공연에 닿을 수 있을 때, 공연예술은 그 의미와 역할을 확장할 수 있고, 그런 측면에서 국립극단은 '온라인 극장'을 배우와 관객이 만날 수 있는 매체로 인정한 것이다.

이렇듯 온라인 공연은 이제 본격적으로 그 시장이 형성되는 시점에 있는데, 기존의 오프라인 공연에서는 없던 새로운 이슈들은 공연

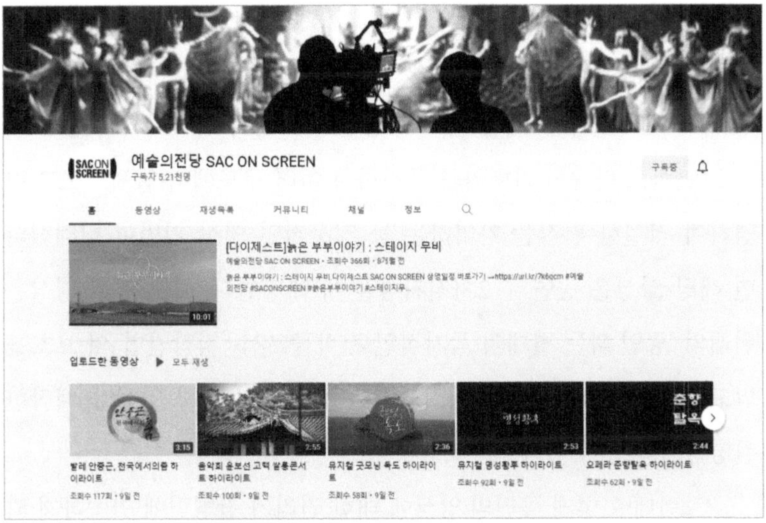

예술의 전당의 〈SAC on Screen〉 유튜브 계정

업계에서 풀어야 할 과제다. 음향, 촬영기법 등 기술적인 문제, 오프라인 공연과는 차별화되는 마케팅, 플랫폼, 수익구조 등 비즈니스적 측면에 대한 고민이 있을 것이다. 법적인 이슈도 빠질 수 없는데, 영상저작권의 귀속과 처리가 어떻게 되는지, 또한 온라인 공연에 참여하는 수많은 당사자에 대한 권리가 어떻게 정리되어야 하는지 등의 문제다.

먼저, 온라인 공연을 기록한 공연의 '영상'에 대한 저작권은 누구에게 있는 것일까? 여기서 유의할 점은 '영상'의 저작권은 '공연'의 저작권과는 별개라는 것이다. 공연팀(제작사, 기획사 또는 예술단체)이 자체적으로 영상을 촬영한다면 공연과 영상에 대한 저작권을 모두 가지겠지만, 많은 경우 촬영을 외부에 의뢰하기 때문에 그 영상물에 대한 권리가 공연의 주체인 공연팀에게 있는지 아니면 영상을 제작한 촬영팀에게 있는지 여부가 문제 될 수 있다.

고정된 카메라 한 대를 놓고 공연의 처음부터 끝까지 녹화하는 등의 방법으로 단순 기록하는 형태로 촬영했다면 그 영상은 공연의 '복제물'일 뿐이다. 그러나 영상을 만드는 과정에서 제작자의 '창작성'이 부가되었다면, 예를 들어 영상팀이 조명과 카메라의 이동에 대해 고민하고 다수의 카메라를 동원하여 여러 구도에서 입체적으로 촬영하여 적절한 편집을 가미하는 등 전문적인 영상 기법이 더해졌다면 해당 영상은 공연의 '2차적저작물'에 해당한다. 이로써 그 영상은 원래의 '공연'과는 별개의 독자적인 저작물로서 「저작권법」의 보호를 받고, 해당 영상저작물의 저작권자는 공연팀이 아닌 영상을 제작한 촬영팀이 되는 것이다.

그런데 이렇게 공연의 영상에 대한 권리가 촬영팀에 귀속하게 되

저작권법

제5조(2차적저작물)

① 원저작물을 번역 · 편곡 · 변형 · 각색 · 영상제작 그 밖의 방법으로 작성한 창작물(이하 "2차적저작물"이라 한다)은 독자적인 저작물로서 보호된다.

② 2차적저작물의 보호는 그 원저작물의 저작자의 권리에 영향을 미치지 아니한다.

면 공연팀으로서는 자신들의 공연이 담긴 영상을 이용할 때마다 촬영팀에게 허락을 받아야 하기 때문에 이를 자유롭게 이용하기 어렵다. 그렇기 때문에 공연팀이 주로 영상을 이용할 경우에는 애초에 촬영팀과 계약 당시에 영상의 저작권이 공연팀에게 귀속하는 것으로 정하거나, 공연팀이 촬영팀으로부터 저작권을 양도받는 것으로 규정하는 것이 좋다.

다음으로 온라인 공연에 참여하는 관계자들 간의 합의와 약속, 그리고 이를 명확하게 담고 있는 계약서도 빠져서는 안 된다. 국립극단은 2020년 4월 온라인 상영회에 영상을 올리기 전 창작진과 배우, 스태프 등 모든 관계자에게 일일이 전화를 걸어 동의를 구했다고 한다. 계약 당시 '온라인 공연'에 관한 합의가 없었기 때문이다.* 이렇듯

* "화두로 떠오른 '온라인 공연' … 아차, 저작권!", 〈국민일보〉, 2020.4.30, http://news.kmib.co.kr/article/view.asp?arcid=0014534648&code=61171211&cp=nv.

공연예술 창작 표준계약서

제7조 (저작권)

① 제4조가 규정한 공연이용권의 범위는 아래와 같다.

1. 공연 실황 및 연습 장면의 영상화 및 녹음, 그 영상물 및 녹음물의 복제 배포
2. 공연 실황 및 연습 장면의 방송, 전송, 디지털 음성송신
3. 공연의 음반제작에 대한 권리
4. 공연과 관련된 상품화권

② 제1항 1호, 2호, 3호의 대상이 되는 수단 또는 매체는 TV, 라디오, 위성방송, 케이블 방송, 유무선 인터넷 방송의 송 · 수신 매체와 마그네틱 테이프, CD, DVD, 레이저 디스크, VOD, MP3 등의 아날로그 및 디지털 기록매체 등 현재 알려져 있거나 향후 개발될 수단 또는 매체를 포함한다.

③ 제1항 1호, 2호, 3호로 인한 매출발생시 판매 및 영업활동을 통해 발생하는 매출의 %를 저작자에게 지급한다. 지급 시기는 수익이 발생한 해당 월의 익월 일까지로 한다.

④ 작품의 번역, 드라마화, 영화화, 출판 기타 2차적저작물작성권은 저작자에게 귀속하나, 공연제작자는 우선협상권을 가진다.

온라인 상영을 염두에 두지 않고 공연 계약을 한 경우, 향후 온라인 공연이 수익을 발생시키거나 동의 없이 공개될 때 새로운 저작권 분쟁이 생길 여지가 있으므로 추후에라도 합의를 하고 진행해야 한다.

만약 작품의 원작자가 있다면 오프라인 공연과 마찬가지로 원작자의 사전 동의는 필수이며, 창작자(각본, 음악, 안무, 미술 등) 및 실연자 사

> **공연예술 출연 표준계약서**
>
> 제7조 (상품화)
>
> 공연의 기록이나 홍보를 위한 용도가 아닌, 상업적 목적으로 CD, DVD, 초상권을 사용한 머천다이징 등 제품을 제작, 판매하고자 할 경우 사용자는 실연자와 사전에 별도 합의하여야 한다.

이에 체결하는 계약에서도 이용허락의 범위에 해당 작품의 '온라인 공연'이나 '영상물의 제작'을 명시적으로 다루는 동시에 그 대가에 대해서도 충분히 협의하고 반드시 명시해야 분쟁을 예방하고 최소화할 수 있다.

우리에게 남은 비대면 시대가 언제까지일지 예상할 수는 없으나, 이 역병의 시기가 끝난다고 해도 코로나19가 가져온 여러 변화들은 계속해서 우리 곁에 남아있을 것이다. 온라인 공연 역시 기존 공연의 대체재가 아닌 공연을 즐기는 또 하나의 방법으로 자리를 잡는 중인 듯하다. 지구 반대편에서 펼쳐지는 공연의 감동을 내 방에서 느낄 수 있는 온라인 공연. 창작자들의 권리를 침해하지 않는다는 전제만 지켜진다면 우리 공연 시장은 이로 인해 더욱 성장하고 풍성해질 것이라 기대한다.

2

방송 콘텐츠와 대중문화

Issue 1 트로트 프로그램 열풍

Issue 2 로맨스형 예능의 부활

Issue 3 '부캐' 전성시대

Issue 4 연예인들의 이혼과 예능

Issue 1
트로트 프로그램 열풍

:: 이현민 평론가의 Talk

트로트 열풍과 시청자가 더 이상 TV 시청을 하지 않는 이유

트로트 열풍이 거세다. 중장년층 사이에서 트로트의 인기는 이미 철옹성이었지만, 이번 인기는 그야말로 전 세대적이다. 중장년층은 물론 어린이와 10대 청소년들까지 트로트 향유층이 확대되면서, 트로트는 더 이상 어르신들만의 전유물이 아님이 입증되었다. 트로트 대중화의 선도는 역시 2019년 최고의 히트작 TV조선의 〈미스트롯〉이 이끌었다. 〈미스트롯〉은 2019년 트로트 전성시대를 이끈 프로그램으로, 당시 종편 프로그램 사상 최고 시청률인 18.1%를 기록했다. 이후 TV조선의 '트롯 시리즈'가 방영되면서 최고 시청률의 기록은 계속 경신되어 최근에는 시청률 33.1%라는 대기록이 만들어졌다. 이는 트로트의 인기가 전국적인 열풍으로 번져가고 있음을 확인할 수 있는 수치로 기록된다.

TV조선의 '트롯 시리즈'는 경연 프로그램에서 시도되지 않은 미

〈내일은 미스트롯2〉 메인 포스터(출처: TV조선)

개척 분야로 2019년 송가인, 2020년 임영웅이라는 스타를 탄생시켰다. 송가인 · 임영웅 대세론이라는 말에 걸맞게 이들은 종편부터 지상파까지 예능, 광고, 가요 프로그램 할 것 없이 종횡무진 활약했다. 송가인의 하늘을 치솟는 인기에 TV조선은 '트롯 시리즈'의 스핀오프 프로그램을 연달아 제작하여 히트시키는 등 트로트 전성시대를 이끌었다.

TV조선의 트로트 흥행은 수많은 방송사의 트로트 프로그램 제작을 부추겼다. 이에 따라 수많은 트로트 관련 프로그램들이 쏟아져 나오기 시작했다. 문제는 방송사들이 '트로트'라는 소재를 활용하는 데 그치지 않고, '트로트 경연'을 주제작 소재로 베끼기 시작했다는 점이다. 안 그래도 트로트 광풍에 피로감을 느끼기 시작한 시청자에게 반복적으로 마주하게 되는 트로트 경연 프로그램은 싫증을 넘어 시청자의 TV 이탈 현상을 가속화시키고 있다.

이는 국내 방송사들의 가장 고질적인 병폐로, 유행과 트렌드라는 미명하에 유사한 프로그램들을 짧은 시간 동안 수없이 양산한다. 상도덕은 찾아볼 수 없다. 유행을 선도하는 것이 아니라 유행을 좇아야만 뒤처지지 않는다는 듯 유사 프로그램을 무한 재생산하는 것이다. 트로트 이전에도 이미 수많은 선례가 있었다. 관찰 예능, 여행 예능, 오디션 예능, 쿡(cook)방, 먹방 등 예능의 포맷은 물론 남녀 소개팅, 인테리어, 맛집 탐방, 집수리 등의 소재 및 아이디어까지 방송사별 베끼기 경쟁은 이미 심각한 수준에 이르렀다. 최근 국내 방송 제작 시스템의 고질적 병폐이면서도 일종의 관행처럼 여겨지던 이러한 '베끼기 경쟁'에 TV조선이 반기를 들었다. TV조선은 잘못된 관행을 더는 묵인할 수 없다며 MBN을 상대로 관련 소송을 시작한 것이다.

TV는 이른바 '바보상자'라는 오명을 가지고 있다. 이는 수동적 시청자를 양산하는 TV만의 일방향 송출 방식과 관련이 있다. 마치 채널 선택권이 시청자에게 있는 것처럼 보이지만, 실제로는 방송사의 방송 스케줄에 따라 시청자는 수동적으로 움직일 수밖에 없는 존재다. TV 시청의 일방향성과 더불어 매체의 다양화는 사람들에게 TV 밖 미디어 시청권이라는 자유를 가져다주었다. 언제 어디서나 모바일 기기를 이용해서 콘텐츠를 즐기는 대중의 현재적 소비 형태를 반영하여 유튜브, 넷플릭스 등 OTT 활용 미디어를 비롯하여 숏폼 콘텐츠가 인기를 끌고 있다. 예를 들어 트로트를 좋아하는 시청자는 원하는 가수의 원하는 음악, 즐기고 싶은 경연 순간만 찾아 선택적으로 콘텐츠를 접할 수 있고, 이를 통해 미디어 시청의 능동적 주체가 되고 있다. 더 이상 방송사가 정해준 방송 스케줄이나 영상에 얽매일 필요가 없게 된 것이다.

이는 미디어 문화의 트렌드를 완전히 바꾸는 혁신으로 평가된다. 하지만 방송사는 새로운 문화 트렌드를 반영하지 못한 채 여전히 "유행은 따라가는 것"에 목을 매고 헛발질만 계속하고 있다. 현재 지상파 방송은 광고 매출 하락세 속에서 제작비는 줄이고, 채널 재송신 매출은 늘려가는 등 심각한 경영난을 겪고 있다. 방송사의 경영난은 결국 방송의 질 하락으로 이어지는데, 방송사는 악순환의 원인을 아직도 모르는 듯하다. 신선한 도전, 참신한 내용, 공익적 의미 등 방송사가 가져야 할 제작의 의무를 모두 저버린 채 베끼기 경쟁으로 시청자 이탈만 가속화하고 있다. 따라서 TV조선의 소송은 사실상 의미 없는 밥그릇 싸움으로 비추어진다. 시청자는 그들의 원조 경쟁에 그다지 큰 관심이 없기 때문이다.

:: 김민정 변호사의 Talk

TV조선 vs. MBN 트로트 프로그램 소송, 표절 관행 끊을까

TV조선의 〈미스트롯〉과 〈미스터트롯〉이 연달아 히트를 치니, 이번에도 어김없이 방송가에서는 유사한 프로그램들이 우후죽순 생겨났다. “하늘 아래 새로운 예능은 없다”는 예능가의 통설은 이번에도 어김이 없었다.

그때마다 콘텐츠, 포맷의 유사성에 대한 논란도 숱하게 반복되어왔는데, 과거 MBC가 〈무한도전〉으로 신드롬을 일으킨 후 KBS가 〈1박 2일〉을 만들었을 때 논란이 되었고, 오디션 프로그램에서는 Mnet이 〈슈퍼스타K2〉에서 18%가 넘는 시청률을 기록하자 지상파 3사는 곧바로 유사 오디션을 만들어 원조 논쟁이 있었다. 그럼에도 막상 국내 방송사 간의 법적 대립은 암묵적으로 금기시되어왔는데, 이번에는 좀 다르다. 실제 소송전에 돌입한 것이다.

지난해 1월 TV조선이 MBN의 〈보이스트롯〉이 자사의 〈미스트롯〉과 〈미스터트롯〉 시리즈를, 〈트롯파이터〉는 〈신청곡을 불러드립니다: 사랑의 콜센타〉의 저작권을 침해했다며 손해배상청구소송을

〈내일은 미스트롯2〉, 〈보이스트롯〉 메인 포스터(출처: TV조선, MBN)

제기했다. 이에 대해 MBN은 〈보이스트롯〉은 연예인으로 출연자를 한정하고 있고, 〈트롯파이터〉는 TV조선의 〈사랑의 콜센타〉보다 두 달 먼저 방송된 자사의 〈트로트퀸〉의 포맷을 활용한 것으로 TV조선 트로트 프로그램에 대한 표절 논란과는 무관하다며 정면 대응을 하고 있다.

전례 없는 국내 방송사 간 표절 소송인데다, 아직 방송 프로그램 저작권 침해에 대한 판례가 많지 않고, 방송 프로그램이라는 특성과 까다로운 입증 문제 등 저작권법적 측면으로도 판단이 쉽지 않은 사안이어서 필자 역시 법원이 어떤 결론을 내릴지 궁금하다.

그럼 앞서 있었던 국내외 사례들을 통해 방송 프로그램 저작권 침해 여부는 어떤 기준으로 판단하는지 살펴본 다음, 이번 소송의 방향을 조심스레 예측해보자.

먼저 「저작권법」에서 의미하는 '저작권 침해'가 성립하기 위해서는 세 가지 요건이 필요하다. ① 침해자가 저작자의 '창작적 표현'을 이용했을 것, ② 저작자의 저작물과 침해자의 저작물 사이에 '실질적 유사성'이 있을 것, 그리고 ③ 침해자가 저작자의 기존 저작물에 '의거하여 작성했을 것'이다.

첫 번째 요건으로 저작권 침해를 당했다고 주장하는 작품은 다른 기존 작품과 구별될 만한 독창성을 가진 '표현'이어야 한다는 것인데, 얼핏 생각하면 당연히 충족되는 요건인 것 같지만 그리 간단한 문제가 아니다. 「저작권법」에서 '표현'이란 '아이디어'가 구체적으로 외관으로 표출된 것을 말하는데, 「저작권법」은 이러한 '표현'만을 보호할 뿐 추상적 단계의 '아이디어'는 보호하지 않는다. 이는 저작권에서 가장 기본이 되는 법리이지만, 애매모호한 경우가 매우 많고, 방송 프로그램도 그중 하나다.

'방송 포맷(format)'이란 프로그램을 구성 및 제작하는 기법으로 기획, 연출, 줄거리, 진행 방법, 세트 디자인, 출연자의 행위 등을 포함하는데, 핵심적인 쟁점이 바로 이 방송 포맷이 과연 '표현'이냐 '아이디어'냐 하는 것이다. 방송 포맷이 아이디어에 불과하다면 유사한 포맷의 방송 프로그램을 제작한다고 해도 저작권법적으로 아무런 문제가 되지 않기 때문이다.

지금까지 방송 포맷은 아이디어와 표현의 중간영역(gray area)에 있다고 보았고, 외국 판례들도 판단이 엇갈려왔다. 그러던 중 2017년 최초로 방송 프로그램의 저작권을 정면으로 다룬 대법원 판결인 '짝' 판례가 나왔다. 이 사건은 SBS가 CJ E&M의 〈짝 재소자 특집〉(tvN 방송)

대법원 2017.11.9. 선고 2014다49180 판결('짝' 사건)

… 원심이 들고 있는 원고 영상물을 이루는 개별적인 요소들은 아이디어의 영역에 속하거나 다른 프로그램에서도 이미 사용되는 등의 사정으로 인해 그 자체로만 보면 창작성을 인정하기에 부족한 점이 있다. 그러나 원고 측의 축적된 방송 제작 경험과 지식을 바탕으로 위와 같은 프로그램의 성격에 비추어 필요하다고 판단된 요소들만을 선택하여 나름대로의 편집 방침에 따라 배열한 원고 영상물은 이를 이루는 개별요소들의 창작성 인정 여부와는 별개로 구성요소의 선택이나 배열이 충분히 구체적으로 어우러져 위에서 본 기존의 방송 프로그램과는 구별되는 창작적 개성을 가지고 있다고 할 수 있다.

과 〈짝꿍 게이머 특집〉(게임 프로모션용 홈페이지 게시)이 자사의 예능 프로그램 〈짝〉의 저작권을 침해했다며 손해배상을 청구한 사건이었는데, 대법원은 1심과 2심의 판단을 뒤엎고 〈짝〉 프로그램을 '창작적 표현'으로 인정했다. 〈짝〉은 SBS의 방송 제작 경험을 바탕으로 프로그램에 필요한 요소들을 선택해 나름대로의 편집 방침에 따라 배열함으로써 기존 방송프로그램과 구별되는 '창작성'을 가지고 있다는 이유였다.

다음으로는 '실질적 유사성'이다. 두 작품, 즉 침해를 당했다고 주장하는 저작물과 침해했다는 저작물 사이의 유사한 정도가 "질적 또는 양적으로 사소한 정도를 넘어 실질적인 정도에 이르러야 한다"는 것인데, 간단히 말하면 두 작품이 꽤나 많이 유사해야 한다는 것이다. 해외 사례들을 보면, 방송 포맷의 실질적 유사성은 주로 개별 요소보다는 전체적 판단에 무게를 두어 전반적인 인상(overall impression)이나 전체적인 관념과 느낌(total concept and feel)에 차이가 있을 경우 실질적 유사성을 부정해왔다.

'짝' 판결에서도 프로그램의 전체적인 성격, 구조, 분위기, 느낌의 유사한 정도를 실질적 유사성의 판단 기준으로 제시했다. 이러한 기준에서 〈짝 재소자 특집〉은 전문 연기자가 대본에 따라 연기하는 코미디물이고, 과장된 상황과 사건들로 가볍고 유머러스한 분위기로 표현된 점 등이 〈짝〉과는 상당한 차이가 있다고 본 반면, 〈짝꿍 게이머 특집〉은 출연자들이 애정촌에 입소해 이성을 찾아가는 기본 구조뿐만 아니라 복장, 호칭, 속마음 인터뷰 등 핵심 요소들이 구체적으로 어우러진 느낌이 〈짝〉의 것과 실질적으로 유사하다고 판단한 것이다.

마지막 요건은 "침해자의 저작물이 기존의 저작물에 의거하여

대법원 2017.11.9. 선고 2014다49180 판결('짝' 사건)

피고 영상물 2는 게임을 즐기는 남녀가 '애정촌 던전(Dungeon)'이라는 장소에 모여 함께 게임을 할 이성의 짝을 찾는다는 내용으로서, 남녀 출연자들이 애정촌에 입소하여 원하는 이성을 찾아가는 원고 영상물의 기본적인 구조를 그대로 차용하고, 애정촌 던전의 입소 과정부터 남녀 출연자들의 복장과 호칭, 자기소개, 같이 도시락을 먹을 이성 상대방 선택, 제작진과의 속마음 인터뷰 및 내레이션을 통한 프로그램 전개 등 원고 영상물을 구성하는 핵심 요소들을 그대로 사용하고 있다. 그뿐 아니라 원고 영상물과 마찬가지로 이러한 요소들이 구체적으로 어우러져 피고 영상물 2의 시청자들로 하여금 출연한 남녀들을 객관적으로 관찰하는 것을 특징으로 하는 리얼리티 방송 프로그램을 보는 느낌을 갖도록 표현되어 있다.

작성되었을 것"인데, 쉽게 말하면 기존의 저작물을 보고 이에 근거해서 작성했느냐 하는 것이다. 그런데 이것은 침해자의 자백이나 증인의 진술이 없는 한 입증하기가 매우 어렵다. 그렇기 때문에 기존의 저작물에 대한 접근이 가능함과 동시에 침해자의 저작물과 기존의 저작물 사이에 실질적 유사성이 인정되면 사실상 의거성이 추정된다고 판단한다.

아마도 이번 TV조선-MBN 소송에서도 법원은 자연스레 '짝' 판례의 판단 기준을 따를 것으로 보인다. 즉, 〈미스트롯〉 등 TV조선 프로그램에 기존 프로그램과 구별되는 개성이 있는지와 양사 프로그램의 전체적인 특징, 구조, 분위기, 느낌 등이 얼마나 유사한지가 핵심 쟁점인데, 특히 TV조선이 양사의 프로그램 간 실질적 유사성을 얼마나 설득력 있게 입증할 수 있을지가 관건이 될 것 같다.

소위 대박이 난 프로그램의 아류들이 쏟아져나오는 방송계의 생태도 나름의 속사정이 있을 것이기에 비판만 할 수는 없지만, 표절 논란이 있을 정도로 유사한 프로그램들이 난무하게 되면 시청자 역시 피로감을 느낄 수밖에 없다. 방송계에서도 이번 소송 결과를 떠나 무분별한 제작 관행에 어느 정도 영향을 끼칠 것을 기대하고 있다는데, 모쪼록 재판부의 현명한 판단으로 방송 포맷을 공정하게 이용할 수 있는 풍토가 마련되기를 기대해본다.

Issue 2
로맨스형 예능의 부활

:: 이현민 평론가의 Talk

로맨스형 예능의 진화: 비연예인 예능의 역습

〈하트시그널 시즌2〉의 히트는 로맨스 예능 부활의 신호탄을 쏘았다. 2014년 SBS 〈짝〉이 종영된 이후 이렇다 할 힘을 쓰지 못하던 로맨스 예능이 다시금 활기를 띠게 된 것이다. 로맨스 예능 중에서도 비연예인, 즉 공식적으로 연예계 활동을 하지 않는 자칭타칭 일반인들

〈하트시그널 2〉, 〈썸바디〉, 〈비포 썸 라이즈〉 메인 포스터(출처: 채널A, Mnet, MBN)

이 예능의 중심에 나선 것 치고는 그 인기가 상당했다. 2017년부터 슬슬 조짐을 보이던 로맨스 예능의 인기가 2018년 〈하트시그널 시즌2〉의 대대적인 성공으로 로맨스를 예능의 중심축으로 데려왔다. 〈하트시그널 시즌2〉가 채널A 예능 사상 가장 높은 시청률과 화제성을 뿌렸으니 그 공로를 인정할 수 있을 만하다. 이 프로그램의 가장 큰 특징은 일정 기간(보름에서 한 달 이상) 한 장소에서 남녀가 함께 취식하며 오직 사랑을 찾기 위한 시간, 즉 무한 썸타기에 집중한다는 것이다. '썸'이라는 단어가 대한민국을 강타한 이후 남녀 사이의 미묘한 감정과 관계에 집중하고 공감하는 젊은 층이 늘어나면서 로맨스 예능의 인기도 덩달아 고공행진했다.

로맨스 예능의 가장 단순한 인기 비결은 역시 남녀 출연자들의 외모적 매력이다. 연예인을 능가하는 멋지고 예쁜 비연예인들의 출연은 많은 대중에게 신선함으로 다가왔다. 거기에 다양한 직종과 커리어, 출신 배경을 가진 서로 다른 매력을 가진 남녀가 서로를 알아가고 썸을 타는 과정은 관찰자인 대중에게 큰 매력으로 다가왔다. 〈하트시그널〉을 필두로 SBS 〈로맨스 패키지〉가 비슷하지만 다른 콘셉트로 시청자의 시선을 끌었고, 지상파와 종편은 물론 케이블까지 비슷한 형태의 로맨스 예능들이 우후죽순 생겨났다. 쏟아지고 있는 로맨스 예능이지만, 무엇보다 반가운 것은 이 로맨스라는 대서사시가 점점 다양한 형식으로 진화하고 있다는 점이다.

로맨스 예능의 기본 골자도 관찰 예능의 형식을 따르고 있는 것이 대부분이다. 2012년부터 등장한 관찰 예능은 2013년부터 예능 프로그램의 대세로 자리 잡고 현재까지 굳건한 인기를 구가하고 있다.

관찰 예능은 제작진의 개입을 최소화하면서 관찰 카메라로 구성된 예능인데, 출연진에게 주제나 소재, 미션 등을 던져주고 실제 벌어지는 상황을 오롯이 카메라에 담아 시청자에게 전달한다. 관찰 예능의 형태도 다양화되면서 최근에는 카메라가 단순히 시청자의 눈을 대신하는 것이 아니라 스튜디오 출연자들을 따로 배치하여 그 현장을 함께 지켜보며 상황에 대한 코멘터리 혹은 그들의 관계를 예측하는 형태로 진화했다는 것이다.

또한 연예인과 비연예인의 로맨스를 다룬 예능, 비연예인들만의 로맨스를 보여주는 예능 등이 다양한 방식으로 분화되었다. TV조선의 〈연애의 맛〉은 연예인과 비연예인의 소개팅을 직접 주선하여 그들의 만남 과정을 여과 없이 보여주는 강점으로 대중의 사랑을 받았다. 특히 실제 커플 성사율이 높아서 프로그램의 진정성까지 높여주었는데, 이필모-서수연이라는 실제 커플을 탄생시키면서 프로그램의 진정성을 높여주었다고 평가받고 있다.

비연예인 로맨스 예능의 경우, 비연예인들만의 로맨스라는 특징 외에도 다양한 형식의 변주로 대중의 마음을 사로잡고 있다. 먼저 비연예인 출연자, 일정 기간 한 숙소에서 함께 머무르며 서로를 탐색한다는 기본 골자는 같되, 형식의 변화를 준 예능으로는 Mnet의 〈러브캐처〉와 〈썸바디〉를 꼽을 수 있다. 두 프로그램 모두 시즌 2까지 이어질 만큼 큰 화제성과 인기몰이를 했다. 〈러브캐처〉의 경우, 연애 심리게임이라는 주제 아래 남녀 간의 진실한 마음을 탐색하는 데 주안점을 두었다. 이 진실한 마음이라는 것이 단순히 사랑에 국한된 것이라면 여타 로맨스 예능과 별다른 차이를 찾을 수 없었을 것이다. 하지만

〈러브캐처〉는 상금 5천만 원을 걸고, 사랑을 찾을 사람과 돈을 차지할 사람을 미리 정해두고 이들의 관계 속에서 그 진실을 찾아가는 게임 형식을 띠고 있다는 것이 특징이다. 참가자들뿐만 아니라 이 상황을 스튜디오에서 지켜보는 출연진, 시청자 또한 그들이 진정 원하는 것이 돈인지 사랑인지 모르는 상태이다 보니, 썸이라는 미묘한 감정을 넘어 추리라는 새로운 심리 게임을 추가했다는 점에서 상당히 신선한 접근이었다고 평가할 수 있다. 〈썸바디〉의 경우, 음악 전문 채널이라는 Mnet의 모토에 맞게 '춤꾼들의 사랑 찾기'라는 독특한 소재의 로맨스 예능을 만들어냈다. 대중음악의 댄스에만 국한하지 않고 한국무용, 현대무용, 발레 등 다양한 분야의 춤을 선보이고, 이들을 컬래버하여 사랑 찾기는 물론 그들의 꿈을 지원하는 형태로 내러티브를 꾸며서 볼거리를 더욱 풍성하게 만들었다. 특히 서로 다른 분야의 춤을 컬래버한다는 파격적 설정은 시청자에게도 큰 즐거움을 주었다. 또 컬래버를 넘어 남녀커플 댄스에서 느껴지는 아름다움과 섹시함이 더욱 더 사랑의 감정을 극대화시키는 장치로 활용되는 등 프로그램의 장점이 춤을 통해 비로소 폭발했다고도 평가할 수 있다.

〈썸바디〉가 춤을 통한 사랑 찾기였다면, tvN의 〈노래에 반하다〉는 '노래를 통한 사랑 찾기'라는 신선한 콘셉트로 화제를 불러 모았다. 노래로만 교감하는 블라인드 듀엣을 통해 남녀가 먼저 서로의 마음을 확인하고, 듀엣이 확정된 커플들은 다시 노래로 최고의 커플에 도전한다는 것으로, 어디서 본 듯하지만 조금은 색다른 매력이 시청자의 눈과 귀를 사로잡았다. 비연예인 출연자와 연예인과 비연예인 경계의 종사자들이 출연하지만, 신인을 발굴할 수 있다는 좋은 취지 또한 함께하고 있어서 시청자에게도 좋은 볼거리를 제공했다.

방송 예능의 로맨스 열풍에 힘입어 OTT 플랫폼에서도 다양한 로맨스 예능이 큰 화제를 불러일으켰다. 토종 OTT 플랫폼인 티빙의 〈환승 연애〉는 지나간 연인과의 합숙 미션을 통해 진실한 사랑을 찾아간다는 이색적인 접근으로 수많은 '이별 커플'의 공감을 불러일으켰다. 해당 예능은 티빙 시청률 10주 연속 1위에 빛나는 인기 예능으로 선정되며 화제성과 공감대, 시청률까지 모두 잡았다는 평가다. 또 넷플릭스 한국 오리지널 시리즈 〈솔로 지옥〉은 전 세계 예능 시청률 5위에 오르는 대기록을 세우며 흥행몰이를 하고 있다. 무인도에 남겨진 남녀가 오직 사랑을 찾기 위한 여정을 보낸다는 색다른 기획으로 큰 화제를 불러일으켰으며, 송○○, 차○○ 등 차세대 스타를 배출하며 대한민국을 뒤흔들었다. 특히 홍진경, 이다희, 규현 등 관찰자들의 재미있는 해설도 프로그램의 인기에 한몫하며 큰 사랑을 받았다.

이렇듯 예능의 판도는 계속 변화하고 있지만, 그중에서도 로맨스 예능의 부활은 새삼 반갑게 느껴진다. 로맨스 예능 또한 관찰 예능의 형식을 크게 벗어나지 못했다는 아쉬움이 있지만, 그 중심에는 로맨스가 있다는 것이 가장 고무적이다. 물론 비연예인의 출연이 빈번해지면서 그들을 향한 도 넘은 사생활 침해와 악플 피해 등 그 후폭풍 또한 거센 것이 사실이다. 또 악마의 편집에 희생양이 된 몇몇 출연진의 좋지 않은 결말이 씁쓸함을 남기기도 했다. 하지만 출연자들이 예능 프로그램이 가질 수밖에 없는 한계를 직시하고, 시청자 또한 성숙한 문화인으로서 현실과 예능을 잘 구분하여 즐긴다면 오락 프로그램으로서 로맨스 예능의 성장 가능성은 무궁무진해 보인다.

로맨스 예능의 인기 요인은 감정이입에 있다. TV를 시청하며 시청자 스스로 연애하는 듯한 설렘을 느낄 수 있다. 또 자신의 과거, 현재 혹은 미래를 생각하며 프로그램에 푹 빠져든다. 출연자의 말 한마디, 행동 하나하나에 내 상황을 대입하기도 하고, 출연자의 말에 귀 기울여 내 현재의 연애를 스스로 진단하기도 한다. 그래서인지 다른 예능 프로그램에 비해 몰입도는 커지고, 선호하는 커플에 대한 두터운 팬덤도 형성된다.

TV조선의 인기 예능 프로그램 〈연애의 맛〉은 시청자에게 또 다른 종류의 판타지를 선사했다. 비연예인 여성 출연자와 연예인 남성의 썸과 연애 과정을 관찰하다 보니, 시청자의 몰입감은 더욱 커졌다. 일상생활에서 만날 수 없는 TV 속 연예인과의 연애는 흡사 영화 〈노팅 힐〉을 연상시키기도 했다. 누구나 한 번쯤 상상해볼 수 있는 영화 같은 연애를 현실에서 훔쳐보는 듯한 느낌이 드는 것이다. 덕분에 출연하는 연예인 남성의 진면목을 확인할 수도 있고, 그만큼 비연예인 출연자에 대한 관심은 회를 거듭할수록 높아졌다.

하지만 프로그램 출연자들에 의해 발생한 일련의 사건들은 비연예인들의 예능 프로그램 출연이 그야말로 양날의 검임을 여실히 보여주었다. 비연예인 출연자들에 대한 무분별한 신상털기와 악성댓글이 큰 문제를 일으킨 것이다. 얼굴을 알리고 싶었던 자칭 일반인들의 출연이 상당수를 차지하기도 했지만, 그럼에도 일상으로 돌아가야 할 비연예인들이 출연진의 대부분을 차지하는 것이 리얼 버라이어티다.

〈연애의 맛 3〉 메인 포스터(출처: TV조선)

하지만 방송에 출연했다는 이유만으로 그들은 수많은 사람의 공격 또는 검증 대상이 되었다. 셀 수 없는 악성댓글에 시달리거나, 그들의 행동 하나하나에 해석이 붙거나, 과거 행적 등에 대한 뒷조사가 시작된다. 〈연애의 맛 시즌3〉에 출연했던 여성 출연자의 경우, 과거의 행적이 속속들이 파헤쳐지면서 제작진이 그들의 신변을 보호해야 할 상황에까지 처하게 되었다. 이러한 비연예인 출연자들에 대한 과도한 관심과 집착, 신상털기가 〈연애의 맛 시즌3〉을 종영으로 이끄는 데 결정적인 역할을 했다.

그뿐만 아니라 연애 결말에 대한 시청자의 판단과 해석, 분노와 집착은 로맨스 예능의 한계와 문제점을 그대로 보여주었다. 최종 커플이 되거나 혹은 되지 않을 수도 있는 예능의 특성은 무시한 채 프로그램에 과몰입한 시청자가 그 결과에 대해 자신의 의견을 쏟아내는 것이다. 특히 SNS 등으로 개인적인 DM(다이렉트 메시지)을 보낸다든지,

악성댓글을 작성하는 등 범죄에 상응하는 방식을 통해 여러 가지 문제를 양산하고 있어 주의가 요구된다. 이는 비연예인 방송 출연자의 양날의 검으로, 얼굴을 알리러 나왔지만 대중의 관심이 결국 사생활 침해로 이어지는 등 심각한 피해가 발생할 수 있다.

또한 악마의 편집, 인성 논란 등 쏟아지는 관심과 더불어 수많은 악재 등도 함께 발생할 수 있다는 점을 고려한다면 로맨스 예능 제작진은 출연진 선택에 더욱 신중을 기해야 할 것이다. 시청자 또한 "출연료 받으면 이 정도 관심은 당연한 것 아니냐?"라는 인식과 태도는 누군가에게 평생의 트라우마를 남길 수 있고, 본인 또한 법적 책임의 대상이 될 수 있는 만큼 TV 예능 프로그램이 가진 '가상성'을 늘 상기해야 할 것이다.

:: 김민정 변호사의 Talk

출연자들의 범죄 논란으로 얼룩진 〈하트시그널〉

〈짝〉 이후로 한참 시들했던 로맨스 예능이 최근 2~3년간 다시 유행하고 있다. 일반인들 사이, 연예인과 일반인, 연예인들 사이, 심지어 이혼한 커플들까지 여러 행태의 로맨스 예능 프로그램이 생겨났고 화제가 되기도 했다.

그중에서도 가장 큰 인기를 끈 프로그램은 연애 리얼리티의 재부흥을 불러온 채널A의 〈하트시그널〉이다. 해당 프로그램이 인기를 끈 데는 여러 가지 요인이 있겠지만, 다양한 직업에 종사하는 준수한 외모의 일반인 출연자들이 기존 연예인과는 달리 새롭고 친숙하게 느껴지고, 이들이 '썸'을 타며 또래 미혼 남녀들과 같은 고민을 하는 상황 등에 크게 공감하는 것이 가장 큰 이유가 아닐까 싶다.

출연자들에 대한 관심과 인기 역시 뜨거웠다. 출연자들의 SNS는 수십만 명의 팔로워가 생겨나고 팬 페이지도 만들어지는 등 시즌마다 비연예인 스타들을 낳고 있다. 그러나 출연자들에 대한 이러한 기대와 환상은 몇몇 출연자를 둘러싼 여러 의혹과 심지어 형사처벌까지 이어진 사건들에 의해 실망으로 이어지며, 방송계 전체에 일반인 출연자 자격 논란을 불러오기도 했다.

시즌 1에 출연했던 뮤지컬배우 강성욱은 2020년 7월 9일 「성폭력범죄의 처벌 등에 관한 특례법」 위반(강간 등 치상) 혐의가 인정되어 결국 대법원에서 징역 2년 6월의 실형을 확정받았다. 한 주점의 여종업원을 공범 A 씨의 집으로 데려가 집단 성폭행한 사실이 인정되었는데, 심지어 해당 범죄가 〈하트시그널〉이 방송되고 있던 당시에 일어난 것으로 알려져 리얼리티 프로그램의 정체성에 큰 오점을 남겼다.

이어 시즌 2에서 가장 큰 인기를 끈 출연자인 김○○는 2018년 4월 음주운전을 한 행위로 기소되어 1천만 원의 벌금형을 받았는데, 출연 전인 2012년과 2013년 이미 두 차례 음주운전 벌금형을 받은 전력까지 알려져 팬들과 프로그램 애청자에게 큰 충격을 주기도 했다.

시즌 3은 출연자 8명 중 무려 절반인 4명이 폭력, 학력 위조, 범죄 연루, 유흥업소 출신 등 각종 의혹의 대상이 되었는데, 특히 이○○의 경우 "과거 이○○으로부터 학교폭력으로 피해를 당했다"라고 주장한 동창을 '허위사실 적시에 의한 명예훼손' 혐의로 고소하기도 했다. 그러나 수사기관은 이○○의 학폭 사실이 허위라는 혐의점을 찾지 못해 이를 무혐의 처리했고 이○○은 다시 '사실 적시 명예훼손'으로 고소했는데, 벌금 150만 원의 약식명령을 받은 피고인이 불복해 정식재판을 한 결과 선고유예를 받았다고 전해졌다.

이는 피고인(동창)의 '명예훼손' 행위가 인정되는가 여부와 별개로, 결국 시청자의 관심인 '이○○이 학교폭력을 한 사실이 있는가'에 대해서는 어느 정도 사실로 인정된 결과로 볼 수 있다. 사건 선고 이후 이○○이 모델로 활동하던 의류브랜드 광고주는 재계약을 하지 않기로 결정했고, 후속 프로그램인 〈하트시그널 프렌즈〉에 출연하고 있던 이○○은 더 이상 보이지 않았다.

이러한 일들이 계속되다 보니 당연히 출연자에 대한 검증을 제대로 하지 못한 방송사에 대한 비판이 많았는데, 방송사 측도 할 말은 있었다. 제작진들 나름대로 인터넷 검색, 지인에 대한 조사 등을 충분히 하지만 과거 일들까지 완벽히 알아내서 검증하기가 사실상 불가능하다는 것이고, 이러한 현실적인 한계에 대해 일부 수긍이 가기도 한다.

그러나 이러한 논란이 수 차례 반복될 만큼 해결책이 전혀 없는 것은 아니다. 방송사나 기획사가 출연자와 애초에 계약을 체결하는 과정에서 폭력 등 범죄나 사회적으로 물의를 일으킬 수 있는 사건에 연루된 사실이 없음을 확인받고, 만약 뒤늦게 이러한 사실이 밝혀져 프로그램의 이미지를 훼손할 경우, 그에 대한 손해배상 책임 또는 위약금을 모두 부담하도록 정할 수 있다.

〈하트시그널 프렌즈〉 메인 포스터(출처: 채널A)

더구나 〈하트시그널 시즌4〉 대신 방영된 〈하트시그널 프렌즈〉의 경우 이미 음주운전과 학교폭력으로 논란이 된 김○○와 이○○이 출연한 데 대해 제작진에게 "출연자 검증을 하지 못한 게 아니라 하지 않았다"라는 비판이 쏟아졌다. 영향력 있는 방송사가 사회적 · 윤리적 책임을 망각하고 이들에 대한 논란을 오히려 노이즈 마케팅으로 이용했다는 것이다.

특히 음주운전과 학교폭력은 최근 들어 사회적 경각심이 한층 더 커지고 있는 범죄다. 이러한 사회적 인식을 반영하여 실제 「도로교통법」에서 음주운전에 대한 처벌 규정이 강화됐고, 위반 시 실제 선고되는 형벌도 수위가 높아져 재범의 경우 실제로 징역형이 선고되기도 한다. 학교폭력 역시 방송이 생업인 연예인들의 경우에도 과거 전력이 드러날 경우 큰 비난과 함께 활동 자체가 어려워지는 추세인데, 이러한 현실 속에서 〈하트시그널 프렌즈〉 제작진의 섭외는 따가운 비난을 받을 만하다.

한편, 물의를 일으키고도 섭외에 응한 출연자 개인에게 연예인과 같은 잣대를 들이대어도 되는지에 관해서는 이들이 프로그램 출연 이후 얻게 된 엄청난 인지도와 경제적 이익을 고려해 충분히 판단할 수 있다. 출연자들은 방송을 통해 그야말로 대표적인 인플루언서가 되어 각종 직간접 광고의 러브콜을 받게 된다. 연예계 지망생인 경우 오랜 무명 기간 없이 연예계에 자연스레 입문하고, 외식업, 패션 사업을 하거나 개업한 전문직의 경우에도 높아진 인지도만큼 매출이 급성장한다. 그야말로 인생에 두 번 다시 오지 않을 좋은 마케팅 기회인 것이다.

연예인들이 공인으로서 사회적 책임을 부담하는 이유는 그들이 대중에게 큰 영향력을 미치며 대중의 인기로 막대한 경제적 이익을 누리기 때문이다. '비연예인 스타', '인플루언서'로 연예인에 준하는 인기와 영향력을 가지게 된 이들 역시 그만한 책임과 비판의 무게를 견뎌야 하는 것은 어찌 보면 당연하다.

이번에는 제작진들의 사전 검증이 실패하지 않기를, 〈하트시그널 시즌4〉에는 더 이상의 출연자 논란이 없기를 기대해본다.

Issue 3
'부캐' 전성시대

:: 이현민 평론가의 Talk

캐릭터쇼 부캐, 대중문화를 강타하다

모든 예술의 창조는 미메시스로부터 시작된다. 자연의 모방과 재현에서 시작한 예술이 '모방의 모방'을 거쳐 끊임없이 진화하고 있다. 모방의 과정과 기술은 예술마다 그 형태를 달리하지만, 그 시작은 모방에서 비롯된다. 대중문화에서 패러디는 미메시스의 가장 좋은 예로, 최근 대한민국을 강타한 캐릭터쇼도 미메시스의 일환이라 할 수 있다. 사실 대중문화에서 열풍을 일으킬 정도의 큰 인기몰이를 하는 것의 대다수는 어디서 본 듯한 친숙함에서 비롯된다. 완전히 새로운 시도에서 오는 이질감보다는 어떤 친숙한 느낌이 경계를 허무는 효과를 가져오고, 그 친숙함에서 살짝 벗어난 신선함이 대중의 관심을 끄는 것이다.

카피추는 작년 한 해 핫한 유튜브 스타로 대중에게 큰 사랑을 받았다. 유튜브에서 시작된 인기가 TV 출연으로 이어졌고, 음원도 발표하는 등 꾸준히 활발한 활동을 이어가고 있다. 카피추는 자연인의 콘셉트로 기타 치며 자작곡을 노래하는 캐릭터를 연기하는데, 그가 부르는 노래, 자연인 콘셉트 모두 어디서 보거나 들은 듯한 모방의 결정체다. 가장 화제가 된 〈아기상어라지만〉이라는 노래 역시 아이들에게 큰 사랑을 받고 있는 동요 〈아기 상어〉를 패러디한 곡으로, 그는 절대 표절 혹은 따라하기는 아니라고 해명(?)하지만, 어딘지 모를 익숙함에서 오는 해학이 대중에게 큰 재미를 가져다주었다. 또 돈도 대중의 관심도 모두 초탈한 자연인이지만 광고, 섭외, 인기 등에 연연하는 그의 모습이 반전 웃음을 불러일으키며 대중에게 익숙한 참신함을 안겨주었다.

MBC의 〈놀면 뭐하니?〉는 유재석표 캐릭터쇼의 결정판이라고 보면 되겠다. 유산슬을 연기한 유재석은 2019~2020년 대중문화계를 강타한 캐릭터 전쟁의 승자로 평가할 수 있다. 국민MC 유재석은

MBC 〈놀면 뭐하니?〉의 지미유, 유두래곤, 유산슬(출처: 디스패치 스타일)

2019년 하반기 '유산슬'이라는 새로운 활동명, 이른바 '부캐'로 트로트 가수에 출사표를 던졌다. 유재석이라는 본인이 아닌 유산슬이라는 완전히 새로운 캐릭터를 연기(?)하며 종종 곤혹스러움을 드러내기도 했지만, 유산슬로의 연착륙에 성공했다. 대중은 개그맨 유재석이 유산슬인 것을 알지만, 이를 모르는 척 새로운 인물인 양 바라봐주며 부캐 탄생의 신호탄을 쏘았다. 덕분에 트로트 인기의 새바람을 불러일으켰는데, TV조선의 〈미스트롯〉과 〈미스터트롯〉의 인기와 맞물려 전에 없던 전 세대적 트로트 광풍이 일어났다. 이어 2020년 〈놀면 뭐하니?〉의 싹쓰리, 환불원정대 등 새로운 뮤직+캐릭터쇼의 조합은 유재석표 부캐 열풍을 그대로 이어갔다. 특히 1990년대 스타일의 여름 음악을 만든 '싹쓰리' 유두래곤, 센 언니들의 변신 '환불원정대' 속 지미유는 유재석표 캐릭터쇼의 정점이라고 평가할 수 있다. 유재석 이후 끊임없이 쏟아진 부캐의 향연은 한국 대중문화계 전반을 강타했다.

여자 연예인들의 이른바 '부캐 만들기'도 유행처럼 번지면서 〈나 혼자 산다〉의 여은파(한혜진, 박나래, 화사)를 필두로, 가요계의 둘째 이모 김다비, 캡사이신 신봉선, 환불원정대 속 만옥, 천옥, 은비, 실비까지 수많은 여성 연예인들이 '부캐'를 앞세워 새로운 시도를 선보였다. 특히 오랜 기간 연예계 활동을 이어온 수많은 연예인의 숙명인 '식상함'을 날려줄 수 있는 새로운 돌파구로 활용되며 너 나 할 것 없이 부캐 만들기에 혈안이 된 한 해였다. 비록 내가 만들고 싶다고, 새로운 척 연기한다고 모든 '부캐'가 대중의 호응을 얻은 것은 아니지만, '부캐'라는 새로운 도구가 대중문화의 다양한 영역을 확장했다는 점만은 매우 고무적이다.

2021년 하반기 다소 주춤했던 부캐의 인기가 TV조선의 새로운 예능 〈부캐 전성시대〉를 통해 되살아날지 귀추가 주목된다. 〈부캐 전성시대〉는 부캐와 아바타, 더 나아가 메타버스를 관통하는 새로운 형태의 대중문화 키워드를 형성하며 미국의 마블 스튜디오처럼 글로벌 세계관을 구축한다는 원대한 계획을 세우고 있다. 이는 메타버스가 현재 글로벌 공통의 핵심 성장 과제인 만큼 새로운 기획과 시도를 한다는 것 자체만으로 기대가 되는 작업임에 틀림하다. 이 같은 시도가 2022년을 이끄는 새로운 트렌드가 될지, 아니면 단순히 새로운 코미디 프로그램의 하나로 전락하게 될지는 미지수다. 그럼에도 2022년에도 이어질 부캐 신드롬, 어느 부캐는 살아남고 또 어느 부캐는 소리소문도 없이 사라질 것인지 결국 그 당락은 익숙함과 신선함을 어떻게 잘 '비틀기' 하느냐에 달려있을 것이다.

:: 김민정 변호사의 Talk

카피추의 노래, 패러디인가 저작권 침해인가?

카피추는 우연히 주운 기타로 소소하게 노래하며 살아가는 산남자다. 산에서만 살아서 유행을 모른다고 하면서 최신 가요, 유명한 동요 등 누구라도 알만한 노래를 교묘하게 변형해 부르며 마치 자기가 만든 것처럼 시치미를 뗀다. 윤종신의 〈본능적으로〉를 〈선릉역으로〉, 신승훈의 〈보이지 않는 사랑〉을 〈쪼금 보이는 사랑〉이라며 도입부를

카피추가 노래하고 있는 광고의 한 장면(출처: 올인원엔터테인먼트)

그대로 부르고 이어지는 부분을 약간 바꾸는 식이다.

이를 보는 시청자의 반응은 매우 호의적이다. "처음 듣는 노래", "카피추님 천재"라는 등 카피추의 거짓말에 속아 넘어가는 척하며 즐거워한다. 핑크퐁의 〈아기상어〉를 변형한 〈카피퐁의 아기상어라지만〉 영상(조회 수 125만 회)에 원작자인 핑크퐁이 "응, 너 신고!"라고 댓글을 달자, "한번 눈감아주소 ㅋㅋㅋ", "이렇게 된 거 콜라보하시죠"라며 웃어넘긴다.

순진한 캐릭터로 '표절 제로'라면서 누구나 아는 노래를 자기 노래인 듯 부르는 카피추와 이에 속는 척하며 카피추가 깔아놓은 판에 장단 맞춰 즐거워하는 대중. 이런 캐릭터 놀이문화가 재밌기도 하지만, 저작권법적 측면을 생각할 수밖에 없는 필자로서는 마냥 같이 웃고 있을 수만은 없는 일이다. 누구나 원곡을 알 수 있고, 그 원곡의 저작권자로부터 사전에 허락도 없이 곡을 변형해서 부르는 카피추. 과연 저작권법상 아무런 문제도 없는 것일까?

저작권법

제5조(2차적저작물)

① 원저작물을 번역·편곡·변형·각색·영상제작 그 밖의 방법으로 작성한 창작물(이하 "2차적저작물"이라 한다)은 독자적인 저작물로서 보호된다.

② 2차적저작물의 보호는 그 원저작물의 저작자의 권리에 영향을 미치지 아니한다.

⋮

제13조(동일성유지권)

① 저작자는 그의 저작물의 내용·형식 및 제호의 동일성을 유지할 권리를 가진다.

② 저작자는 다음 각 호의 어느 하나에 해당하는 변경에 대하여는 이의(異議)할 수 없다. 다만, 본질적인 내용의 변경은 그러하지 아니하다.

1. 제25조의 규정에 따라 저작물을 이용하는 경우에 학교교육 목적상 부득이하다고 인정되는 범위 안에서의 표현의 변경
2. 건축물의 증축·개축 그 밖의 변형
3. 특정한 컴퓨터 외에는 이용할 수 없는 프로그램을 다른 컴퓨터에 이용할 수 있도록 하기 위하여 필요한 범위에서의 변경
4. 프로그램을 특정한 컴퓨터에 보다 효과적으로 이용할 수 있도록 하기 위하여 필요한 범위에서의 변경
5. 그 밖에 저작물의 성질이나 그 이용의 목적 및 형태 등에 비추어 부득이하다고 인정되는 범위 안에서의 변경

⋮

제22조(2차적저작물작성권)

저작자는 그의 저작물을 원저작물로 하는 2차적저작물을 작성하여 이용할 권리를 가진다.

우선 카피추가 부르는 노래들은 음악저작물이므로 당연히 작사 · 작곡 · 편곡자 같은 저작권자, 즉 곡의 주인이 있다. 그러니 어떠한 방식으로든 이것을 이용하려면 원칙적으로 해당 권리자로부터 사전에 이용허락을 받아야 한다(음악저작권의 경우 한국음악저작권협회, 함께하는음악저작인협회 등 신탁기관에 신탁되어 있는 경우가 많으므로 이때는 신탁기관으로부터 허락을 받는다). 특히나 카피추처럼 원래의 곡을 변형해서 새로운 곡을 만드는 것은 '2차적저작물'의 작성 행위인데, 사전에 동일성유지권 및 2차적저작물작성에 대한 허락 없이 원곡을 변형하는 것은 원칙적으로 저작권 침해에 해당하는 행위다.

다만 「저작권법」에서는 저작물의 공정한 이용을 위해 저작권자의 권리를 제한할 수 있는 몇 가지 예외 사유를 두고 있어(제23조~제38조) 이에 해당하면 권리자의 이용허락 없이 저작물을 이용할 수 있다. 카피추의 노래들은 '풍자적 개작'이 이루어진 일종의 '패러디'인데, 이러한 '패러디'가 저작재산권의 제한 사유 중 '인용' 또는 '공정이용'에 해당하는지 여부가 쟁점이다.

우선 공표된 저작물은 보도 · 비평 · 교육 · 연구 등을 위해 '인용'할 수 있는데(제28조), 이러한 목적들은 예시이므로 그 밖의 목적으로도 가능하고, 영리적 목적의 인용도 가능하다. 다만 영리 목적일 경우 비영리 목적에 비해 허용 범위가 상당히 좁아지고, 엄격한 기준이 적용되는데,[*] 법원은 '창조적이고 생산적인 목적을 위한 것'이라면 인용이 가능하다고 보았다.[**] 또한 인용할 때는 '정당한 범위' 안에서 '공정한 관행'에 합치되게 해야 하는데, 그에 대한 해석은 개별 사안마다 달라서 판단이 쉽지 않다. 이제까지 판례들을 보면 피인용저작물(원저작물)이 인용저작물에 대하여 부수적이고 종속적인 성질을 가지는 관계에

> 第28조(공표된 저작물의 인용)
>
> 공표된 저작물은 보도 · 비평 · 교육 · 연구 등을 위하여는 정당한 범위 안에서 공정한 관행에 합치되게 이를 인용할 수 있다.

있는 경우 주로 적법한 인용이라고 보았으므로[***] 이러한 기준을 참고해 판단해볼 수 있다.

다음으로 '공정이용'이란 저작권자의 동의 없이도 저작물을 합리적인 방식으로 사용할 수 있는 미국 저작권법상의 법리인데, 2011년 우리 「저작권법」에 도입되었다(제35조의5). 구체적으로 '저작물의 통상적인 이용 방법과 충돌하지 않되 저작자의 이익을 해치지 않는 경우' 저작물을 허락 없이 이용할 수 있는데, ① 이용의 목적 및 성격, ② 저

---

* 대법원 1997.11.25. 선고 97도2227 판결

** 서울고등법원 2010.10.13. 선고 2010나35260판결

*** 대법원 1990.10.23. 선고 90다카8845 판결; 서울고등법원 1996.7.12. 선고 95나41279 판결

제35조의5(저작물의 공정한 이용)

① 제23조부터 제35조의2까지, 제101조의3부터 제101조의5까지의 경우 외에 저작물의 통상적인 이용 방법과 충돌하지 아니하고 저작자의 정당한 이익을 부당하게 해치지 아니하는 경우에는 저작물을 이용할 수 있다.

② 저작물 이용 행위가 제1항에 해당하는지를 판단할 때에는 다음 각 호의 사항 등을 고려하여야 한다.

1. 이용의 목적 및 성격
2. 저작물의 종류 및 용도
3. 이용된 부분이 저작물 전체에서 차지하는 비중과 그 중요성
4. 저작물의 이용이 그 저작물의 현재 시장 또는 가치나 잠재적인 시장 또는 가치에 미치는 영향

작물의 종류 및 용도, ③ 이용된 부분이 저작물 전체에서 차지하는 비중과 그 중요성, ④ 저작물의 이용이 그 저작물의 현재 시장 또는 가치나 잠재적인 시장 또는 가치에 미치는 영향 등이 '공정이용'의 판단 요소다. 예컨대 비영리거나 생산적인 목적일수록, 이용된 분량이 적고 내용이 지엽적일수록, 시장에 미치는 영향이 적을수록 '공정이용'이 될 가능성이 높아지는 것이다.

한편 패러디는 두 가지로 분류할 수 있는데, '원작품'을 비평 · 조롱 · 풍자하는 '직접 패러디'와 원저작물의 유명세를 이용해서 웃음을 유발하거나 사회현실 등에 대해 비평이나 풍자로 이용하는 '매개 패러디'가 그것이다. 우리가 '패러디'라 부르는 대부분의 것은 후자에 해당하고, 카피추의 노래들 역시 그렇다.

문제는 저작권법상 '직접 패러디'만이 공정이용으로 인정되고, '매개 패러디'는 그렇지 않다는 것이다. 대표적인 패러디 사건으로 '컴배콤' 판례가 있는데, 과거 음치 가수로 유명해진 이재수가 서태지의 〈Come Back Home〉을 〈컴배콤〉으로 바꿔 부르고 패러디라 주장한 사건이다. 여기에서 법원은 "패러디로서 보호되는 것은 해당 저작물에 대한 비평이나 풍자적인 것이지, 해당 저작물이 아닌 사회현실에 대한 것까지 패러디로 허용된다고 보기는 어렵다"라고 분명히 선을 그으며 피고 측의 패러디 항변을 받아들이지 않았다.

법원은 단순히 웃음을 유발하거나 그 내용을 변형하는 데 그치는 것이 아니라 '원작의 비평 또는 풍자'라는 목적에 충실할 경우 패러디로서 「저작권법」의 보호를 받을 수 있고, 목적이 비평 또는 풍자라 하

서울지방법원 2001.11.1. 선고 2001카합1837 결정('컴배콤' 패러디 사건)

신청인의 이 사건 원곡에 대한 비평적 내용을 부가하여 새로운 가치를 창출한 것으로는 보이지 아니하고 … 패러디로서 보호되는 것은 당해 저작물에 대한 비평이나 풍자인 경우라 할 것이고 당해 저작물이 아닌 사회현실에 대한 것까지 패러디로서 허용된다고 보기 어려우며, … 피신청인들이 상업적인 목적으로 이 사건 원곡을 이용하였으며, 이 사건 개사곡이 신청인의 이 사건 원곡을 인용한 정도가 피신청인들이 패러디로서 의도하는 바를 넘는 것으로 보이고, 이 사건 개사 곡으로 인하여 신청인의 이 사건 원곡에 대한 사회적 가치의 저하나 잠재적 수요의 하락이 전혀 없다고는 보기 어려운 점 등 … 결국 피신청인들의 이 사건 개사 곡은 패러디로서 보호받을 수 없는 것이라 하겠다.

더라도 그것의 대상이 원작이 아닌 '매개 패러디'의 경우에는 허락되지 않는 것으로 보았다. 왜냐하면 '원작 자체'에 대한 비평이 아닌, 원작을 이용하여 '사회적인 비판'을 하고자 할 때는 충분히 사전에 원작자의 허락을 구하는 것이 가능하므로 그러한 사안까지 저작재산권의 제한으로 보호할 필요는 없을 것이기 때문이다.

이렇듯 결론적으로 카피추의 노래와 이를 유튜브에 올리는 행위는 현행법과 판례에 따르면 저작권 침해 행위에 해당할 가능성이 다분하다. 만드는 사람도 보는 사람도 재미있는 영상인 것은 분명한데, 모두 즐기는 것 같다고 해서 아무 문제도 없는 것은 아니다. 원하지도 않는 개작(改作)을 당하고도 흥겨운 판의 분위기를 깰까 봐 속앓이를 하고 있는 원작자가 있을지 모를 일이다.

Issue 4
연예인들의 이혼과 예능

:: 이현민 평론가의 Talk

연예인 이혼 리얼리티라고?!

이혼에 대한 인식은 세월에 따라 크게 변화했다. 이혼이라는 것을 상상조차 할 수 없었던 시절에서 이혼한다고 해도 쉬쉬해야 했던 시절을 지나, 이제는 이혼이 누구에게나 일어날 수 있는 시대에 도달했다. 이혼이 하나의 멍에가 되던 시절에는 대한민국에서 가장 개성 강하고 깨어있는 구성원들이 모여있다는 연예계에서조차 이혼은 금기시되었다. 이는 방송 내용은 물론이고 연예인의 사생활에서조차 '이혼'은 하나의 주홍글씨로, 이혼한 사람은 기피 대상이 되었다. 영화배우 윤여정은 과거를 회상하며 여러 차례 자신의 이혼에 대해 언급했다. 당시 방송계에서는 "윤여정은 이혼녀야. TV에 나와선 안 돼"라며 그녀의 방송 복귀를 반대하는 이들이 많았다고 한다. 하지만 그녀는 "새끼들을 먹여살리고 교육시켜야 한다는 생각" 하나만으로 카메라 앞에 섰다고 한다. 이후 그녀의 이혼과 생계 그리고 연기력은 하나의 레전드로 남게 되었는데, 그 이유는 그녀가 모든 연기자의 로망인 아카데미 시상식에서 여우조연상을 받게 되었기 때문이다.

그녀는 수상 소감에서도 관련 내용을 언급하며 매우 유쾌하게 분위기를 이끌었는데, "이혼 후 진정한 배우가 됐다. 두 아들이 날 여기까지 오게 했다"며 수많은 여성의 찬사를 받았다. 이는 단지 이혼 여성에 대한 찬사가 아닌, 그녀의 고군분투와 노력이 이혼이라는 세상의 편견에 맞서 싸워 이겨낸 결과물이었기 때문이다. 이처럼 세상은 계속 변화해가고 이제 더 이상 이혼은 쉬쉬해야 하는 오점이 아닌, 교통사고처럼 누구나 겪을 수도 있는 하나의 사건이 되어가고 있다.

방송계에서도 이혼을 언급조차 할 수 없던 시절을 지나 이제는 드라마, 영화 등의 주요 소재로 활용된 지 오래다. 그럼에도 이혼 소재의 리얼리티 예능은 좀처럼 찾아보기 힘들었는데, 예능이라는 것이

현재 방영 중인 <우리 이혼했어요2>(출처: TV조선)

웃음을 소재로 한 사람의 사생활을 드러내는 형식이 많은 만큼 사회적 파장을 고려하지 않을 수 없었기 때문이다. 그러한 의미에서 TV조선에서 시도한 리얼 관찰 예능 〈우리 이혼했어요〉는 방송 초반 많은 시청자의 반감을 불러일으킨 것이 사실이다.

TV조선의 〈우리 이혼했어요〉는 이혼한 연예인이나 셀럽 부부가 다시 만나 한 집에서 생활해보는 모습을 관찰하며, 이혼 후 새로운 관계에 대한 가능성을 제시하는 이혼 리얼리티 프로그램이다. 현실 이혼 부부의 대화와 생활을 관찰하며, 그들이 느끼는 생각과 감정 등을 MC들과 시청자가 관찰자의 시각으로 바라보는 것이다. 이혼 부부 또한 이혼 후 그들이 느꼈던 감정이나 생활상을 상세하게 공유하고, 또 이혼 당시의 오해나 진실 등을 진솔하게 풀어내는 데 집중했는데, 방송 전 시청자가 느꼈던 이혼 버라이어티에 대한 반감과 오해를 불식시키며 큰 화제를 불러일으켰다. 특히 선우은숙-이영하 부부는 이혼 연예인 부부의 대표 격(?)으로 각각 방송활동을 이어갔는데, 이번 방송을 통해 이혼한 지 오랜 시간이 흐른 부부이지만 서로를 향한 마음과 생각, 관계 등을 함께 풀어나가는 모습을 보여주며 많은 시청자의 마음을 울렸다.

〈우리 이혼했어요〉가 초반의 부정적 의견에 비해 호평을 받은 이유는 제작진의 섬세한 연출 때문이기도 하다. 이혼이라는 아픈 개인사를 드러내놓기 쉽지 않았을 출연자들을 설득하고, 또 그들의 관찰 카메라에 인위적 장치나 개입을 최소화하며 관계에 집중했다. 그뿐만 아니라 대사보다는 현장의 분위기를 잘 그려내는 데 집중하는 등 후반 편집에도 각별한 신경을 썼다고 한다.

누군가의 이혼에 대해 제삼자가 가타부타 말할 권리는 없다. 과거 이혼에 대한 사회적 인식이 나쁠 때도 그랬고, 사회가 많이 바뀐 지금도 마찬가지다. 그렇기 때문에 〈우리 이혼했어요〉 같은 관찰형 예능 프로그램은 호불호가 분명히 나뉠 수밖에 없을 것이다.

하지만 예측 불가능한 인생 속에서 이혼 역시 누구에게나 일어날 수 있는 일이다. 어떠한 편견이나 선입견을 내세우기보다는 상황과 감정에 집중하며 나 자신의 관계를 되돌아볼 수 있게 한다는 점에서 〈우리 이혼했어요〉가 갖는 사회적 의미는 크다. 행복은 한 가지 얼굴을 하지만, 불행은 여러 가지 얼굴이 있다고 한다. 내가 볼 수 없는 나의 여러 가지 얼굴을 예능 프로그램을 통해 간접 체험할 수 있다면, 이는 더없이 손쉬운 자기성찰 방법이 아닐까?

:: 김민정 변호사의 Talk

자유로운 영혼의 족쇄, 유책주의

오스카를 거머쥔 배우 윤여정. 요즘 젊은 여성들이 모이면 "윤여정처럼 나이 들고 싶다"고 한다. 특히 이혼 후 생계형 돌싱맘으로 어떤 역할이든 악착같이 해왔다는 그녀의 값진 수상은 외도한 전남편에 대한 세상에서 가장 멋진 복수를 보여주었고, 수많은 돌싱녀에게 그야말로 '워너비'가 되었다.

한 해 이혼 건수가 10만 건이 넘는 요즘, 이혼은 그다지 특별한

이혼 후 삶을 이야기하고 있는 윤여정(출처: tvN 〈택시〉 방송화면 캡쳐)

일이 아니고 이제 연예인들의 웬만한 이혼 소식은 더 이상 화젯거리도 되지 않는다. 이혼이 큰 흠으로 여겨지던 과거의 시절에도 윤여정 배우의 경우처럼 유독 연예인을 포함한 예술가들의 이혼은 일반인들에 비해 잦은 듯했는데, 실제로 시대와 장르를 불문하고 세계적인 예술가 중에도 많은 경우 혼인관계, 특히 첫 결혼생활을 끝까지 유지하지 못한 경우가 많다.

2019년 별세한 세계적인 지휘자 앙드레 프레빈의 경우 영화배우 미아 패로와 바이올리니스트 안네 소피 무터의 전남편으로도 알려져 있는데, 다섯 번의 결혼과 이혼의 경력자였다. 멕시코 출신의 세계적인 화가 디에고 리베라는 역시 유명한 화가인 프리다 칼로를 포함하여 네 명의 배우자가 있었다. 또 독일의 대문호 헤르만 헤세와 전설적인 지휘자 헤르베르트 폰 카라얀 역시 세 번의 결혼을 했다.

이렇듯 많은 예술가가 한 사람과의 안정된 혼인관계를 지속하지 못하는 이유는 무엇일까? 물론 자유분방하고 개성이 강한 예술가들의 개인적인 성향도 있긴 하다. 하지만 무엇보다 직업의 특성상 불규칙한 생활, 밤늦은 시간의 작업과 그에 이어지는 동료와의 술자리 등의 환경적 이유는 상대방 배우자 입장에서, 특히 배우자가 예술가가 아닐 경우에는 더욱더 이해하고 맞춰 사는 게 쉽지만은 않을 것이다.

그런데 가장 본질적인 이유는 예술가들이 하는 일, 즉 예술 활동의 '본질'에 있어 보인다. 예술작품들의 모티브 중 가장 많은 것이 바로 '사랑'이다. 그것이 순수한 첫사랑이든 불륜이든, 혹은 정신적이든 육체적이든 그 상대와 형태를 불문하고 사랑과 무관한 예술작품은 찾아보기 힘들다(심지어 액션영화에도 주인공의 여인이 반드시 등장한다). 이렇듯 사랑을 모티브로 한 음악, 미술, 무용, 문학, 영화 등의 작품을 창작 또는 실연하기 위해서는 자신의 경험이 필수적일 뿐만 아니라 그 작업을 위해 자신이 가진 모든 감정을 극대화하여 이입하는 과정이 필요하다.

실제로 예술사에 빛나는 위대한 작품 뒤에는 어김없이 영감을 불어넣은 예술가의 연인들이 있었는데, 그들은 실제 작품의 모티브가 되었을 뿐만 아니라 상대의 재능을 극대화하는 데 막대한 역할을 했다. 슈만과 브람스의 영원한 사랑인 클라라 슈만이 없었다면 지금의 고결하고 아름다운 곡들은 존재하지 않았을 것이고, 조르주 상드가 없었다면 쇼팽의 멜로디가 이만큼 애절하지 않았을 것이다. 화가 살바토르 달리는 아내 갈라 달리를 "내게 상상력을 가져다준 천사"라고 했고, 비틀스의 존 레논은 오노 요코에 대해 "비틀스를 시작할 때부터 내 주변에 예쁜 여자들은 얼마든지 널려 있었다. 하지만 그들 중에 나와 예술적 온도가 맞는 여자는 없었다. 난 늘 내 음악을 이해하는 여성을 만나 사랑에 빠지는 꿈을 꿔왔다. 나와 예술적 상상을 공유할 수 있는 여자 말이다. 요코가 바로 그런 여자였다"라고 말했다.

이렇듯 사랑을 자신의 작품에 녹여내야 하는 예술가들에게 매일같이 가사와 육아에 치이는 현실 속에서 더 이상 영감을 주는 '뮤즈'가 아닌 '룸메이트' 또는 '육아동지'로 살아가게 되는 결혼생활은 일반인들보다 훨씬 더 큰 결핍과 불행을 느끼게 할 수밖에 없다.

이러한 예술가들에게 우리 법원의 '유책주의(有責主意)'는 홍상수 감독의 경우에서 보았듯 의미 없는 법적 혼인관계의 유지만을 강제하는 괴로운 족쇄일 것이다. '유책주의'는 혼인관계를 파탄시킨 책임이 있는 사람이 제기한 이혼 청구는 인정하지 않는 법리다. 홍상수 감독은 김민희 배우와의 열애를 공식적으로 인정하며 합의이혼에 응하지 않는 자신의 부인을 상대로 이혼 청구소송을 제기했는데, 혼인관계가 파탄에 이른 책임이 홍상수 감독에게 있다는 이유로 유책주의에 따라 기각되었다.

'유책주의'는 본래 축출이혼을 막아 사회적 약자인 여성을 보호하고, 사회적으로 바람직한 결혼생활과 가족제도를 수호하기 위함이다. 그러나 여성의 사회경제적 지위 향상과 자유에 대한 인식 확산에 따라 유책주의 입장을 유지할 것인가에 대해 계속적으로 논란이 되어왔다. 2015년 9월 15일 대법원 전원합의체에서 7 대 6의 근소한 차이로 아직까지 유책주의가 고수되고 있지만, 개인의 자유를 우선시하고 다양한 삶의 방식을 추구하고 있는 요즘의 세태에서 "혼인의 실질이 파탄되었음에도 불구하고 법적으로는 혼인관계를 유지하라"는 유책주의의 법리는 시대를 거스르는 듯 보인다.

유럽과 미국을 비롯한 세계 여러 나라가 그랬듯이 우리도 언젠가는 유책주의에서 파탄주의*로 옮겨갈 것이고, 우리 법원도 예외적으로는 유책배우자의 이혼 청구를 허용하는 완화된 유책주의의 입장을 보이며 그 변화의 과정에 있음을 알 수 있다. 다만 파탄주의를 완전히 받아들이기 전에 반드시 해결되어야 하는 전제조건은 파탄주의가 엄숙한 혼인서약의 무게를 가볍게 하고, 혼인관계와 가족제도에 대한 무책임을 낳지 않도록 유책배우자가 지급할 위자료를 대폭 증액하고, 재산분할에도 그 유책성을 충분히 참작하여 결정하도록 제도를 보완하는 것이다.

"혼인 생활이 완전히 종료되었다는 사실에는 변함이 없다"는 입장을 표명하면서도 항소를 포기한 홍상수 감독을 보며, 문득 필자의 독일 유학 시절 "두 명의 전처와 자식들에게 거금의 재산분할과 양육비를 지급해 자신은 자동차조차 없다"고 하면서도 세 번째 결혼생활을 하고 있는 한 저명한 연주자의 모습이 떠올랐다.

---

* 유책주의와 달리 가정 파탄에 대한 책임이 있는 배우자의 이혼 청구도 받아들이는 것으로, 현실적으로 혼인 생활을 지속하기 힘든 상황이 됐으니 이혼을 인정해야 한다는 입장이다.

3

현대미술과 대중문화

Issue 1 NFT 미술작품의 거래

Issue 2 솔비 케이크 표절 논란

Issue 3 '아트테이너' 갑론을박

Issue 1
NFT 미술작품의 거래

:: 이현민 평론가의 Talk

NFT가 부여한 예술작품의 아우라와 새로운 시장 논리

2021년 3월 일론 머스크의 여자친구로 알려진 가수 그라임스의 디지털 작품 10점이 580만 달러(한화 약 65억 원)에 낙찰되었다. 컴퓨터그래픽으로 만들어진 이 그림은 우리에게 익숙한 이미지(JPG) 파일과 동영상 형식으로, 실물이 존재하지 않고 온라인상에서만 존재하는 디지털 작품이다. 얼마 전까지만 해도 디지털로 작업한 작품을 고가에 판매한다는 것은 상식적으로 불가능에 가까웠다. 디지털 자산은 Control+C/V라는 간단한 조작으로 누구나 다른 사람이 제작한 그림이나 이미지, 동영상 등을 복사해 내 것처럼 이용할 수 있다는 인식이 팽배했기 때문이다. 원작자의 중요성을 인지하고는 있지만, 복제 기술의 발달로 '디지털화=원본을 알 수 없거나, 원본이 존재하지 않는 수많은 복제품'이라는 공식이 당연시되어왔다.

그렇다면 그라임스의 작품이 판매할 수 있고, 높은 수익으로 경

NFT로 자금을 조달한 그라임스의 작품 〈신들의 조각〉(출처: 니프티게이트웨이)

매가 가능하게 된 계기는 과연 무엇일까? 이러한 디지털 혁신이 지금 전 세계가 주목하고 있는 'NFT'라는 개념이다. NFT란 Non-Fungible Token의 약자로 '대체 불가능한 토큰'을 의미한다. 언뜻 와 닿지 않는 이 의미는 쉽게 말해 자산의 소유권을 명확히 하는 것으로, 게임이나 예술품 등 디지털 자산을 고유화·토큰화하는 것을 의미한다. 즉, 디지털 자산에 고유번호를 부여하여 소유권을 지정할 수 있는 새로운 디지털 기술로 이해할 수 있겠다. 원본(언제, 누구에 의해 최초로 만들어졌는지 등)을 알 수 없는 것으로 여겨졌던 디지털 자산, 그로 인해 디지털 자산의 가치는 평가절하되었었던 기존의 상식을 완전히 파괴하는 새로운 기술의 등장이다. 내가 만든 디지털 작품에 고유번호를 붙여 "이 작품은 내가 가장 먼저 작업한 작품임"을 명명하여 자산의 가치를 높이는 기술이다.

20세기 초 발터 벤야민은 자신의 논문 「기술복제 시대의 예술작품」에서 생산 · 복제 기술의 발달과 함께 예술작품이 가지는 원본성과 유일무이성, 현존성이 사라지면서 예술작품은 '아우라'라는 고유의 가치를 잃고 만다고 말했다. 하지만 그는 이 아우라의 붕괴를 통해 미술작품이 가지고 있던 소수 기득권층만의 향유물, 종교 제의적이라는 좁은 인식에서 벗어나 더 많은 대중이 예술작품을 즐기고 향유할 수 있는, 이른바 예술작품의 '민주화'를 가져왔다고 평가했다. 그럼에도 기술복제 시대의 도래와 함께 예술작품만이 가질 수 있는 고유의 아우라를 사라지게 했고, 매체의 발달, 디지털의 발달, 더 나아가 대중문화의 발전은 예술작품의 아우라-가치-시장가격 형성이라는 현실문제에 직면하게 했다. 즉, 누구나 쉽게 즐기고 가질 수 있는 디지털 문화 및 대중문화에 대한 평가절하, 그로 인한 시장 가치의 하락 등 오히려 전통 미술 시장이 가지는 고유의 가치는 더욱 높이 평가되기도 했다.

하지만 NFT의 등장은 예술작품 아우라의 붕괴라는 20세기의 미학 이론을 재정의하는 문명의 변화로 이해할 수 있겠다. 디지털 작품의 원본 증명서라고 할 수 있는 NFT 기술은 실물이 존재하지 않는 디지털 파일에 고윳값을 지정해 기록 · 저장한다. 영상 · 이미지 등 저작물 자체가 아니라 작품명, 작가명, 계약조건, 작품이 저장된 곳의 링크 등 저작물의 메타데이터가 기록되는데, 해당 작품의 원본성과 유일무이성을 보장하여 작품에 아우라를 부여하고, 이를 통해 경매가 가능한 시장 논리를 형성하게 만들었다.

NFT 시장은 메타버스 시대의 가속화를 이끄는 주요 수단이 될

미국 소녀가 두 살 때 촬영된 자신의 사진에 수천 달러를 매겨 NFT 경매에 내놓았다(출처: 서울신문).

것으로 보인다. 현실보다 더욱 정교한 메타버스의 세계를 구현하는 데 전 세계가 앞장서고 있으며, 우리가 지금까지 생각했던 디지털의 불확실성 또는 허구성에 반기를 들어 디지털도 현실과 다르지 않다는 인식을 심어주고 있다. 디지털 자산 또한 허구나 불확실성이 아닌, 이처럼 '증명'된 하나의 자산이자 가치로 평가받을 수 있다는 점이 매우 흥미롭다.

전 세계가 블록체인 기술, 가상화폐, 더 나아가 NFT 시장에 모든 관심을 쏟아붓고 있지만, 이에 대한 법률 체계는 신속한 사회의 발전 속도를 따라가지 못하고 있다. 누군가가 미술작품의 NFT를 소유하고 있다고 해도 이에 대한 저작권을 타인이 보유하고 있다면 이 작품에 대한 어떠한 권리 행사도 쉽지 않은 것이 현 NFT 시장의 문제점이라고 한다.

그뿐만 아니라 엔터테인먼트 기업이 앞다투어 NFT 기술을 자신들의 상품에 도입하려는 움직임을 보이고 있는데, 이에 대한 반발도

만만치 않다. 특히 K-pop 아티스트들의 굿즈나 한정판 음원을 NFT화하는 엔터 기업들이 늘고 있다. NFT가 토큰으로서 고유 가치를 지니는 만큼 NFT로 판매되는 굿즈의 가치는 모두 다르고, 복제가 불가능한 한정판이 된다. 소장 욕구를 더욱 높이겠다는 비즈니스적인 전략이지만, 팬덤들의 구매 욕구를 악용하여 굿즈의 가격을 더욱 높여 팬들에게 부담을 전가한다는 불만이 속출하고 있다.

이렇듯 새 시대의 도래와 급격한 발전 속도는 다양한 잡음을 만들어낼 수 있다. 그럼에도 메타버스와 NFT의 시대는 더 이상 거부할 수 없는 미래의 지표로 평가되고 있다. 따라서 이에 대한 정확한 분석과 이해를 통해 정부와 관련 부처도 발 빠른 대처와 대비가 필요해 보인다. 글로벌 시장의 다양한 니즈를 파악하고, 이를 통해 지금까지 그래왔던 것처럼 IT 시장의 세계 시장 주도권을 선점해야 할 기회를 놓쳐서는 안 될 것이다.

:: 김민정 변호사의 Talk

기술 혁신이 가져올 미술 시장의 리스크와 기회

신년의 키워드는 뭐니 뭐니 해도 'NFT'인 듯하다. NFT의 발전은 특히 게임과 엔터테인먼트 산업에 큰 영향을 미칠 것으로 예상되는데 예술 분야, 특히 미술계에서는 이미 전통적인 거래 시장으로부터 변화의 움직임이 감지되고 있다.

김선우 작가의 〈오케스트라 오브 더 포레스트〉(출처: 스포츠서울)

그중에서도 디지털 아트는 NFT와의 접목으로 최근 가장 큰 화두다. 미술품 온라인 경매 서비스를 제공하는 서울옥션블루(서울옥션의 자회사)는 지난해 11월 NFT 디지털 아트 플랫폼 'XX블루(XXBLUE)'를 오픈했고, XX블루의 첫 미술품 NFT 경매였던 장콸* 작가의 디지털 아트 작품 〈미라지 캣3〉는 약 2억 5,400만 원에 해당하는 3.5 비트코인에 낙찰되었다. 이어 김선우 작가의 〈더 저니 오브 도도〉는 99개의 NFT 한정판 작품으로 각 0.014 비트코인(100만 원)에 완판되었고, 〈오케스트라 오브 포레스트〉도 2.084 비트코인(약 1억 5천만 원)에 낙찰됐다.

그간의 디지털 아트는 복제가 자유롭고 원본을 찾을 수 없기 때문에 아티스트로서는 작품의 디지털화를 꺼려왔고, 실물 미술품처럼 거래가 이뤄지기 힘들었다. 그런데 NFT 기술이 이런 기존의 인식을 바꾸는 반전의 키가 되고 있다. NFT의 등장으로 작품의 진위와 소유

* 장콸은 나이키 등 유명 브랜드와 협업하며 젊은 층의 관심을 모은 신진 작가다.

를 입증할 수 있게 됨으로써 아티스트들은 자신의 작품을 NFT화하여 직접 플랫폼에 올릴 수 있고, 구매자는 적정한 가액을 지불하고 이를 소유하게 되며 손쉬운 재판매도 가능하다.

이러한 NFT와 디지털 아트의 접목은 구매자들, 특히 MZ세대의 미술 시장 진입 문턱을 낮추고 있을 뿐 아니라 디지털 자산에 대한 구매자의 관심과 수요가 더해져 그 시장은 급격히 성장할 것으로 예상되고 있다.*

하지만 NFT 미술품 거래라는 전에 없던 새로운 시장이 생겨나고 성장함에 따라 분쟁의 위험 역시 도사리고 있는데, 아직 이에 대한 법적 장치가 미미하기 때문에 불안한 상태는 당분간 계속될 것으로 보인다.

분쟁의 대표적인 유형은 이른바 '짝퉁' NFT의 판매다. 지난해 9월 세계적 거리예술가인 '뱅크시(Banksy)'로 사칭한 사기꾼이 NFT 작품 여러 개를 90만 달러에 판매한 사건이 있었다. 진짜 '뱅크시'가 자신은 작품을 판매한 사실이 없다고 밝혔고 오픈씨(OpenSea, NFT 중개 플랫폼)가 해당 사이트를 삭제했지만, 구매자들은 피해를 보상받지 못했다. NFT 중개 플랫폼은 NFT화된 디지털 자산의 진위 여부를 보증하지 않을 뿐만 아니라 가짜 NFT를 구매한 구매자가 플랫폼에 손해배상 책임을 물을 수 있는 근거 규정도 없기 때문이다. 한국미술품감정

---

* 미국 가상자산 데이터 분석 기업 메사리(Messari)는 「Crypto Theses 2022」라는 보고서를 통해 향후 10년간 NFT 아트 시가총액이 100배 이상 성장할 것으로 예측하며, NFT의 무궁무진한 성장 잠재력에 주목해야 한다고 강조했다. 현재 아날로그 세계 미술품 시가총액 규모가 1조 7천억 달러로 추산되고, NFT 아트 시가총액은 140억 달러(2021년 3분기 기준 데이터)로 1% 남짓이다.

연구센터는 이러한 문제에 대해 "NFT 디지털 예술품 거래 플랫폼은 안정성이 보장되지 않는다"며 "원본과 NFT 디지털 예술품의 진위도 증명되지 않고 있어 아직은 주의가 필요하다"고 당부하기도 했다.

다음으로는 NFT 작품의 저작권 문제다. 지난해 6월 워너비인터내셔널이 한국 미술을 대표하는 작가 이중섭, 김환기, 박수근의 실물 작품을 스캔해 파일로 만들고 NFT로 발행해 경매에 올리려다가 취소했다. 유족 및 작품과 이미지를 소유 · 관리하는 환기재단, 박수근 미술관 측이 "NFT 작품 제작 및 경매를 위한 저작권 사용을 승인한 적 없다"며 반발했기 때문이다.

원래부터도 미술저작물에서 '저작권'과 '소유권'의 충돌은 주요 쟁점 중 하나다. 미술품을 구매한 사람은 미술품을 소유하며 감상할 수 있고 되팔 수는 있지만, 고가의 금액을 지불했음에도 저작권자의 허락 없이는 자유롭게 복제할 수도, 개방된 공간에 전시할 수도 없기 때문이다(저작권법 제35조).

NFT의 경우 누구나 쉽게 발행할 수 있고 온라인에서 자유롭게 거래할 수 있는 것이 강점임에도 저작권자의 동의 없이 작품의 NFT를 발행하는 것 자체가 저작권 침해에 해당하는 행위다. 또한 NFT 거래는 소유권만 이전되는 방식이므로 작품의 저작권은 저작권자에게 남아있는데, 구매자로서는 소유권을 가지면 일반적으로 그 이용에 관한 권리까지 가지고 있다고 오해할 수 있어 이러한 인식의 차이로 인한 분쟁 가능성 역시 다분하다.

이러한 법적인 리스크에도 NFT의 장점은 미술 업계에 파격적 변화를 가져올 만큼 강력하고, 또 창작자에게는 고무적이기도 하다.

저작권법

제35조(미술저작물등의 전시 또는 복제)

① 미술저작물등의 원본의 소유자나 그의 동의를 얻은 자는 그 저작물을 원본에 의하여 전시할 수 있다. 다만, 가로 · 공원 · 건축물의 외벽 그 밖에 공중에게 개방된 장소에 항시 전시하는 경우에는 그러하지 아니하다.

② 제1항 단서의 규정에 따른 개방된 장소에 항시 전시되어 있는 미술저작물등은 어떠한 방법으로든지 이를 복제하여 이용할 수 있다. 다만, 다음 각 호의 어느 하나에 해당하는 경우에는 그러하지 아니하다.

1. 건축물을 건축물로 복제하는 경우
2. 조각 또는 회화를 조각 또는 회화로 복제하는 경우
3. 제1항 단서의 규정에 따른 개방된 장소 등에 항시 전시하기 위하여 복제하는 경우
4. 판매의 목적으로 복제하는 경우

③ 제1항의 규정에 따라 전시를 하는 자 또는 미술저작물등의 원본을 판매하고자 하는 자는 그 저작물의 해설이나 소개를 목적으로 하는 목록 형태의 책자에 이를 복제하여 배포할 수 있다.

④ 위탁에 의한 초상화 또는 이와 유사한 사진저작물의 경우에는 위탁자의 동의가 없는 때에는 이를 이용할 수 없다.

무엇보다 블록체인 네트워크의 장점인 분산 네트워크와 개인 간 직거래는 전통적인 미술품 시장의 구조에 변화를 가져올 수 있다. 기존 미술 시장은 갤러리 중심으로 형성되어 있어 갤러리의 이른바 갑질이나 횡포 사례가 드물지 않게 있어왔다. NFT의 등장으로 창작자

와 구매자 간의 직접 거래 및 NFT 중개 플랫폼을 통한 거래가 가능해지므로 갤러리의 역할이 점점 축소될 것으로 예상된다. 입지가 좁아질 것을 예상한 갤러리들 역시 변화에 발 빠르게 대처하고 있는데, 유명 갤러리들은 NFT 기술 업체와 손잡고 NFT 갤러리, NFT 전시 시장에 앞다투어 진출하고 있다. 그럼에도 NFT 중개 플랫폼의 도입과 발전은 중개자로부터 창작자와 구매자로 권력의 이동을 불러올 것이고, 미술 시장에서 창작자는 좀 더 주도적이고 파워풀한 자리를 차지할 수 있을 것으로 예상된다.

그뿐만 아니라 NFT와 스마트계약에서는 거래되는 권리를 자유롭게 설정하고, 거래가 되더라도 창작자의 권리를 일부분 남겨둘 수 있게 되었다. 예를 들어 창작자가 NFT의 최초 판매 대금을 받는 것과 별개로 구매자가 NFT를 재판매할 경우에도 일정한 수수료를 받을 수 있게 설정(스마트계약)할 수 있고, 재판매 시 차액에 대해서만 일정한 수수료를 받게 설계할 수도 있다. 즉 창작자의 실력과 명성으로 작품 가치가 상승하면, NFT 작품이 재판매될 때마다 창작자가 계속 추적해서 그에 따른 수수료를 받을 수 있게 된다.

이렇듯 기존 미술 시장의 한계와 단점을 극복할 수 있는 점 때문에 NFT 작품 거래 시장은 예상보다 빠르게 성장할 것을 조심스레 예측해본다. 앞서 언급했던 문제점과 제도의 미비점들을 차근차근 보완해가기만 한다면, NFT는 창작자의 작품성과 예술성을 최대한 보호하고, 궁극적으로 창작자의 권익을 향상시키는 예술적인 혁신이 될 수 있지 않을까.

Issue 2
솔비 케이크 표절 논란

:: 이현민 평론가의 Talk

내가 하면 오마주, 당신이 하면 표절?
예술이라는 이름의 비상구

예술의 영감이란 기발한 생각이나 자극 또는 착상이 떠오르는 것을 말한다. 자연과 일상, 생활상 또는 예술의 감상을 통한 자기화 과정 등 다양한 루트를 통해 이른바 영감은 예술로 승화된다. 예술가에게 영감은 매우 중요한 창작의 원천이자 토대다. 이 영감을 어떠한 방식으로 표현하고 창작해내느냐는 일명 '예술하다'의 핵심가치 중 하나다. 다른 사람의 작품을 보고 예술적 영감을 받을 수는 있다. 그런데 그 영감이 새로운 작품으로의 창작 또는 예술적 승화가 아닌 누가 봐도 해당 작품과 똑같이 표현되었다면, 이를 과연 영감이라 부를 수 있을까?

표절은 다른 사람의 저작물 일부 또는 전부를 몰래 따다 쓰는 행위다. 특정 작품을 보고 그것을 비슷하게 혹은 조금 다르게 표현하는 것인 '경외의 모방'(오마주)과는 엄격히 구분되는 행위다. 다른 사람의 창작물을 원작자의 동의 없이 도용하여 창작 예술로 칭하는 것은 엄연한 범죄 행위다.

솔비는 자신의 케이크 작품에 논란이 일자 제프 쿤스의 작품을 오마주한 것이라 해명했다. 원작자의 동의가 없었음은 물론이고 원작에 대한 어떠한 경외의 제스처도 없었던 그의 표절 행위는 문제가 제기되자 오마주로 둔갑했다. 아이들의 클레이 놀이가 첫 영감인지, 아니면 제프 쿤스의 〈Play-Doh〉의 감상이 먼저인지, 아니면 제프 쿤스 작품을 클레이 놀이의 영감으로 둔갑시키려 한 것인지는 본인만이 그 진실을 알 것이다. 하지만 그가 내놓은 해명은 그저 오마주다.

현대미술은 단순한 듯 보이지만 참으로 의미가 복잡한 예술이다. 18세기 이후 예술의 사조가 변화하면서 '모던아트', '현대미술', '현대

제프 쿤스 Play-Doh(1994-2014), at the Whitney
(출처: Cassandra Tannenbaum/New York Magazine)

솔비 케이크(출처: 솔비 인스타그램)

예술'로 명명되는 예술은 다변적이고 개성 강하고 형식 없는 자유분방함을 대변한다. 혹자에게 현대미술은 누구나 시도하면 예술이요, 의미와 해석을 붙이면 미학이 되는 것처럼 비추어지기에 전통 예술 사조에 익숙한 이들에게 현대미술은 아이들 장난같이 느껴지기도 한다. 하지만 현대미술의 창작에도 중요한 기준 두 가지가 존재한다. 첫째, 작품에는 예술의 미학, 즉 작가의 깊은 성찰과 의도, 철학이 담겨야 한다는 것이다. 내 안의 자유, 나만의 생각과 가치관이 반영되어 예술을 통해 표현되고 승화되는 것이 현대미술이 추구하는 미학의 핵심 가치일 것이다. 두 번째는 정체성이다. 미술사에서 알 수 있듯, 예술은 그 시기와 표현 방식에 따라 예술 사조가 구분된다. 사조의 핵심은 기법과 스타일인데, 이는 예술가들의 예술 정체성과 깊은 관련이 있다. 자신의 철학을 예술로 표현해낼 때 자신만의 스타일, 자신이 추구하는 일관된 정체성이 존재해야 한다. 물론 어떤 큰 깨달음에 따라 사조와 예술 스타일은 변할 수 있고, 당대의 많은 유명 예술가들이 그러한 길을 걸어왔다. 하지만 그 어떤 예술가도 작품이 횟수를 거듭할 때마다 그 스타일이나 기법, 방식을 바꾸지는 않는다. 정체성 없이 그때그때 기분에 따라 표현되고 변하는 스타일은 우리가 알고 있는 예술이 아님을 판별할 수 있는 기준이 된다.

예술을 정식으로 배우지 않았다고 예술을 할 수 없는 것은 아니다. 그렇다고 현대예술의 개성이라는 틈새를 파고들어 누구나 작가를 해도 되는 것도 아니다. '예술은 배고픈 직업'이라는 관용어가 왜 나왔겠는가? 예술가로서 성공하기도 힘들거니와 예술가들이 하나의 예술 작품을 완성하기 위해 쏟아내는 열정과 시간, 노력, 창작의 고통에 비해 작품의 가치는 늘 저평가되기 때문이다. 수많은 예술가의 고통은 간과한 채 자신이 가진 유명세로 손쉽고 빠르게 예술계에 틈입하여 현대미술의 가치를 오염시키는 것, 이는 예술의 숭고한 가치를 지키기 위해 반드시 경계해야 할 부분이다.

:: 김민정 변호사의 Talk

오마주는 표절의 면책사유인가

작가로도 활동 중인 연예인 솔비의 인스타그램 게시물을 보면, 독특한 모양의 케이크와 그것을 만들고 있는 자신의 사진과 함께 "요 케이크는 아이들 클레이 놀이하는 걸 보다가 제프 쿤스의 〈Play-Doh〉 작품을 보고 영감받아 좀 더 자유로운 방식으로 저만의 케익을 만들어봤어요. 사실 이렇게 이슈가 될지 몰랐어요^^"라는 설명이 있다.

그런데 이 글은 처음부터 이렇게 쓰여 있었던 게 아니다. 위 케이크, 일명 '솔비 케이크'가 미국 현대미술가 제프 쿤스(Jeff Koons)의 작품 〈Play-Doh〉와 색깔, 모양, 배치, 질감 등 많은 부분이 유사하다는 주장이 제기되며 표절 논란이 일자, "저만의 방식으로 만들어봤다"는 원래의 글에서 "제프 쿤스의 〈Play-Doh〉 작품을 보고 영감을 받아 만들었다"고 뒤늦게 수정한 것이다.

'표절' 논란에 대해 '오마주'로 항변하는 것은 이제 제법 흔한 레퍼토리다.* 어떤 대중음악이나 영화 장면 등이 표절 시비에 휘말리고 더 이상 원작과의 유사성을 부정하기 힘든 상황이 되면, 소속사 혹은 제작사 측은 "표절이 아니며 해당 원작에 대한 오마주의 표현이었을 뿐이다"라고 해명한다. 원작자들은 이런 해명을 들으면 일단 화가 좀 누그러드는지 더 이상 표절과 권리침해 주장을 하지 않는 경우들이 많다.

---

* 과거 이효리의 〈겟차〉, 효민의 〈담〉, 현아의 〈어디부터 어디까지〉 등은 곡이 발표된 뒤에 표절 논란이 일자 뒤늦게 "오마주 한 것"이라며 해명에 나섰던 사례들로 꼽힌다.

그렇다면 표절과 오마주의 명확한 차이는 무엇일까? 표절과 달리 '오마주'라고 하면 법적으로도 전혀 문제가 없는 것일까?

우선, '표절'의 의미는 일반적으로 "남의 지적 노동의 산물인 창작물을 훔치는 것", "어떤 창작물을 만들 때 기존 작품의 일부나 전체를 똑같이 사용하면서 출처를 밝히지 않거나 자신의 저작물인 것처럼 공표하는 것"으로 여겨지고 있다. '표절'은 법률 용어는 아니며, 도덕적 개념으로 인식되어 주로 윤리적 문제로 다뤄진다.

'오마주(Hommage)'는 존경, 경의, 감사를 뜻하는 단어로, 원작에 대한 존경의 의미로 원작의 유명한 부분을 차용해 그 부분을 의도적으로 부각시켜 표현하는 것이다.* 존경의 의미를 담고 있는 만큼 오마주는 사전에 그 대상을 밝히고 언급해야 한다. 이 때문에 솔비가 '오마주'라는 변명을 하면서 뒤늦게 인스타그램 게시물에 "제프 쿤스의 작품을 보고 영감을 받아"라는 문장을 삽입한 것이다.

"남들이 모르게 감추고 싶다면 표절, 남들에게 알리고 싶다면 오마주"라는 혹자의 비교적 명쾌한 정리에 필자도 수긍이 간다. 이렇듯 감추려는 표절과 달리 당당히 인용 사실을 밝히는 오마주. 법적으로 차이가 있을 만도 한데, 실제로는 어떨까?

대중은 '표절'과 '저작권 침해'를 동일한 의미로 인식하는 경우가 많은데, 공통되는 부분은 있으나 완전히 일치하는 개념은 아니다. '저작권 침해'는 권리의 종류와 이용의 형태를 불문하고 「저작권법」이

* 주로 영화에서 특정 감독에 대한 존경의 표시로 그 감독 작품의 주요 장면이나 대사를 인용한다.

저작권법

제12조(성명표시권)

① 저작자는 저작물의 원본이나 그 복제물에 또는 저작물의 공표 매체에 그의 실명 또는 이명을 표시할 권리를 가진다.

② 저작물을 이용하는 자는 그 저작자의 특별한 의사표시가 없는 때에는 저작자가 그의 실명 또는 이명을 표시한 바에 따라 이를 표시하여야 한다. 다만, 저작물의 성질이나 그 이용의 목적 및 형태 등에 비추어 부득이하다고 인정되는 경우에는 그러하지 아니하다.

⋮

제16조(복제권)

저작자는 그의 저작물을 복제할 권리를 가진다.

⋮

제22조(2차적저작물작성권)

저작자는 그의 저작물을 원저작물로 하는 2차적저작물을 작성하여 이용할 권리를 가진다.

규정하고 있는 저작권자의 권리*를 침해하는 모든 행위를 의미한다. 반면 '표절'은 작품의 전부나 일부를 차용하는 행위를 의미하므로 저

* 저작권에는 공표권, 성명표시권, 동일성유지권의 세 가지 저작인격권과 복제권, 배포권, 대여권, 공연권, 공중송신권, 전시권, 2차적저작물작성권의 일곱 가지 저작재산권이 있다.

작권 중 주로 성명표시권, 복제권, 2차적저작물작성권과 관련되며, 판례에 따른 저작권 침해의 요건을 충족할 경우 저작권 침해 행위로 인정된다.

'오마주'는 원작을 밝혔다는 점에서는 표절과 차이가 있지만, 원작의 전부 또는 일부를 차용한 것이라는 점은 동일하다. 그 의도와 목적이야 어떻든 기존의 저작물을 복제 또는 2차적저작물작성 등의 방법으로 이용하기 위해서는 저작권자로부터 사전에 허락을 받아야 하는 것이 적법하고 또 마땅하다. 따라서 사전에 원작자(또는 저작권자)로부터 동의를 얻었다면 문제가 될 게 없지만, 동의를 구하지 않아 원작자가 후에 이의를 제기한다면 오마주 역시 저작권 침해가 될 수 있다.

결론적으로, 작품을 창작한 후에 아무리 당당하게 '오마주'라고 말한다고 하더라도 원작자가 사전에 동의하지 않았다면 모두 면책되는 것이 아니다. 원작자가 자신의 허락 없는 사용에 이의를 제기하고, 해당 행위가 저작권 침해의 요건을 충족하면 '오마주'도 저작권 침해

저작권법

제46조(저작물의 이용허락)

① 저작재산권자는 다른 사람에게 그 저작물의 이용을 허락할 수 있다.

② 제1항의 규정에 따라 허락을 받은 자는 허락받은 이용 방법 및 조건의 범위 안에서 그 저작물을 이용할 수 있다.

③ 제1항의 규정에 따른 허락에 의하여 저작물을 이용할 수 있는 권리는 저작재산권자의 동의 없이 제3자에게 이를 양도할 수 없다.

가 될 수 있다.

최근 들어 '아트테이너'(아티스트와 엔터테이너의 합성어)라는 말이 생길 정도로 연예인들의 미술작품 활동이 빈번해졌다. 이러한 연예인들의 작품 활동이 미술의 대중화에 좋은 영향을 준다는 긍정적인 시선이 있기도 하지만, 턱없이 못 미치는 실력에도 유명세에 편승해 '화가'라는 타이틀을 달고 팬들에 의해 높은 값으로 그림이 팔리는 것에 대한 따가운 시선 역시 적지 않다.

중요한 것은 '미대를 나왔는지'도 '유명세'도 아닌 작가로서의 실력이며, 부디 미술 시장이 이들을 냉정하게 평가해주기를 바란다. 또한 그에 못지않게 중요한 것은 작가로서의 정체성이 있는지, 즉 자신의 사상 또는 감정이 자신만의 고유한 예술세계로 표현되는지 여부다. 표절 논란의 대상이 된다는 것부터 예술가로서의 정체성에 의문을 갖게 하는 것이 아닐까? '오마주'는 표절의 반대말도, 면책사유도 아니다.

Issue 3
'아트테이너' 갑론을박

:: 이현민 평론가의 Talk

예술, 취미와 생계 그리고 유명세

연예인 화가(아트테이너)들이 등장하면서 그들의 활동과 작품, 작품가에 대한 수많은 논쟁이 벌어지고 있다. '홍대 이작가'라 불리는 이규원 작가는 한 유튜브 방송에서 구혜선의 작품성에 대해 신랄한 비판을 하며 연예인 화가들에 대해 전반적으로 평가했다. 그는 구혜선의 작품에 대해 "작품이라고 논할 가치도 없다"라고 비판하며, 예술을 가장한 미술 활동을 멈추어주길 당부했다. 솔비의 작품에 대해서는 "미대에 가고 싶은 중 · 고등학생 수준이다"라며 작가는 물론 작품에 대한 평가 자체를 보류했다.*

홍대 이작가가 미술계 전체의 목소리를 대변한다고 말할 순 없다. 따라서 그의 말은 그 자체로 의견이다. 그럼에도 아트테이너에 대

* 이은, "'홍대 이작가' 이규원 "구혜선 작품? 취미미술 수준 … 말할 가치 없어"", 『머니투데이』, 2021.5.11.

솔비를 비판하고 있는 홍대 이작가(출처: 팟캐스트 매불쇼 방송화면 캡처)

한 논쟁이 워낙 뜨겁다 보니 이에 대한 찬반 논란도 많고, 그 반응도 매우 뜨겁다. 미학자 진중권은 이작가의 말에 대해 "작가님 작품도 후져요!"라며 그의 의견을 우회적으로 비판했다. 진중권은 자신의 페이스북에 "누가 그리든 좋아하는 사람이 있으면 된 거다. 좋아하는 그림은 돈 주고 살 수도 있는 문제. 팔리는 작품이 꼭 훌륭한 것도 아니고, 그렇다고 안 팔리는 작품이 꼭 훌륭한 것도 아니다"라고 말했다.* 그렇다면 아트테이너에 대한 열띤 논쟁의 쟁점은 과연 무엇일까? 단순히 아트테이너의 존재에 대한 대중의 서로 다른 의견일까? 예술의 정의가 쉽지 않은 만큼 아트테이너에 대한 의견도 여러 가지 쟁점으로 나누어 생각해볼 필요가 있다.

* 김수영, "진중권, 구혜선 미술 실력 비난한 이규원 작가에 "후지다"", 『한경생활문화』, 2021.5.14.

현대미술은 대중예술이기에 대중이 원하면 모두 상관없다?

대중문화, 대중예술을 정의하는 방법과 관점은 여러 가지인데, 그중에서도 '대중(大衆)'이라는 단어에 초점을 맞춘 예술이 대중예술이라면, 수많은 사람이 함께 즐기고 향유하는 예술을 대중예술이라 할 수 있겠다. 하지만 20세기 이후 현대 미학에서 대중예술의 본질은 예술품의 복제 가능 여부와 깊은 관련이 있는데, 그러한 의미에서 미술계에서 작품으로 규정할 수 있는 예술작품에 대해서는 '대중예술'이라는 단어를 사용하지 않는다. 미술품은 단 한 점, 한 작품에 대한 가치와 의미, 가격을 책정할 수 있다. 작가가 완전히 같은 작품을 두 점 그렸다고 해도 두 작품은 엄연히 '다른' 작품이다. 대중예술은 매체 또는 기계를 통해 복제 가능한, 누구나 어디서든 똑같은 작품을 동시에 접할 수 있다는 장점을 가지고 있다. 그렇기 때문에 작품에 대한 가치는 시장경제 논리에 따라 움직이는 것이 당연하고, 대중의 선택이 곧 작품의 가치로 평가되기도 한다. 물론 천만 영화라고 해서 모두 작품성이 높은 작품이라 할 수 없지만, 작품의 시장 가치는 반드시 소비자의 소비결정권에 의해 평가된다.

현대미술은 하나의 작품이 가진 아우라가 있고, 미술품을 감상하거나 구입하는 모든 대중은 그 작품만이 지닌 고유한 아우라를 즐기고 더 나아가서는 소유하는 것이다. 미술을 사랑하고 즐기는 수많은 대중은 작품의 가치에 대해 스스로 평가내릴 수 있고, 그 평가 기준도 그들 스스로 세울 수 있다. 내가 즐기고 향유하는 미술에 대한 평가는 모두 나 자신에게 있다고 말할 수도 있지만, 결국은 오랜 시간 다져온

배우 박기웅과 그의 작품 '이고'(EGO, 앞)[출처: 연합뉴스 인터뷰 기사]

미술이라는 예술이자 학문의 다양한 평가와 가치가 미술을 즐기는 이들에게 자연스럽게 체화된 것이다. "이 그림, 이뻐서 너무 좋아" 이러한 평가도 스스로 내리는 미술작품에 대한 가치평가일 수 있지만, '이뻐서 좋다'는 단순한 기준만으로 말 그대로 미술을 즐긴다거나 가치 또는 투자로 미술품을 소비할 수는 없다.

박기웅은 인터뷰에서 "미술은 대중예술이기 때문에 누구나 즐길 수 있고, 이에 대해 평가할 수 있다"고 했다. 그 말도 당연히 맞는 말이다. 누구나 즐기고 이야기할 수 있고, 누구나 그림을 그릴 수도 있다. 앞서 이야기했듯 미술은 대중예술과는 엄연히 결이 다른 것으로, 소비 관점에서 본다면 박기웅의 주장이 사실이기는 하지만, 미술은 단순히 소비자의 판단과 개성으로 결정되는 것이 아니라는 점을 기억해야 한다. 예술이 지닌 가치와 미학에 대한 깊은 사고와 통찰력은 작가나 이를 감상하는 관객(또는 소비자)이 가장 기본적으로 갖추어야 할 덕

목이다. 단순하게 정체성 없는 작품들을 공장에서 찍어내는 것을 예술이라 부르지 않듯, 작품을 대하는 태도에 신중함이 필요하고, 이를 누구나 즐길 수 있는 '대중예술'이라는 이름으로 포장해서는 안 된다. 고급 미술의 빗장을 세워야 한다는 뜻이 아니다. 작가이든 관객이든 미술에 대한 소비 이상의 가치에 대해 이해하고 고민해야 한다는 것이다.

아트테이너가 미술계에 진출한다고 해서 미술계의 파이를 나눠 먹는 싸움은 아니다?

이에 대해 미술계 작가들의 반응은 제각각이다. 그중에서 아트테이너의 활동에 대해 큰 이견이 없는 작가들의 대다수는 "미술은 파이를 나눠 먹는 싸움이 아닌, 각자도생의 장"이라고 이야기한다. 미술 시장의 경제 논리로 미술을 이야기하자면, 그 말도 일리는 있다. 미술 시장에서 각자의 작품으로 작품의 가치를 평가받는 것이지, 다른 이의 작품이 높은 평가를 받았다고 해서 내 작품이 낮은 평가를 받는 구조는 아니다. 하지만 미술계의 관심이 작품 자체가 아닌 작가의 인기에 초점이 맞추어져 결국 주객이 전도된다면 이야기는 달라진다. 미술계도 경제 논리에 의해 돌아가는 산업의 영역이 된 지 오래지만, 그 속에는 여전히 예술이 지닌 고고함이 존재한다. 미술 시장이 활성화되고, 예술이 가격으로 평가되고 이를 통해 관객이 많아지면서 미술 시장 전체의 파이가 커지는 것은 환영할 일이다. 하지만 인기와 관객이 예술 자체가 아닌 작가에게 쏟아진다면 이것은 예술이 아닌 그야말로 비즈니스의 문제로 전락한다.

일부에서는 아트테이너에 대해 상대적 박탈감을 느낄 필요가 없다고 이야기한다. 하지만 이것은 박탈감의 문제가 아니라 가진 자가 자신의 인지도를 활용하여 자신의 영역이 아닌 다른 영역을 침해하는 것으로 이해해야 할 것이다. 남의 것을 빼앗는 약육강식은 아니지만, 그럼에도 여전히 관심과 주목을 필요로 하는 작가들에게는 언감생심의 현실임은 분명해 보인다.

시장가가 영원할 수는 없다? 예술은 경제 논리 그 이상의 것

아트테이너의 작품이 높은 가격에 팔리고 있지만, 그것이 그 작가의 가치는 아니라는 게 중론이다. 몇몇 작품이 높은 가치로 평가되었지만 그것으로 끝날 수도 있고, 계속 그 가격으로 팔린다면 그것이 그 작가의 가치로 입증된다는 것이다. 과연 그럴까? 대중문화 시장에서 스타의 굿즈는 많은 팬의 소장 욕구를 불러일으킨다. 소장 가치가 높다기보다는 그 스타에 대한 애정을 굿즈에 쏟으며 팬심을 표현한다. 팬에게 스타가 그린 작품은 그림의 가치보다는 소장하고 싶은 굿즈의 가치와 비견할 수 있다. 팬들이 그들의 작품을 산다고 단정 지을 수는 없지만, 팬심의 표현이 영향을 미치고 있다는 사실도 완전히 배제할 수 없다. 미술의 가치평가는 시장 논리나 경제 논리만으로 설명할 수 없는 그 이상의 가치다. 시장에서 작품가가 얼마에 매겨지고, 얼마에 팔리느냐가 예술의 목적이 되어서는 안 된다. 이는 미술계 전체가 함께 만들어가야 할 예술에 대한 존중이며, 미래 세대를 위한 올바른 방향성의 제시다. 따라서 미술계 자체에서 "얼마에 팔린다고 계속 그 가격은 아닐 것", "계속 팔리지 않으면 자연스럽게 사장될 것"이라는 안일한 생각으로 현 상황을 바라보아서는 안 될 것이다. 미술계의 예술적 가치는 함께 만들어가야 하는 것으로, 단순히 시장경제 논리만으로 설명할 수 없는 그 무엇을 늘 고민해야 한다.

'생태계 교란종'이라는 말이 있다. 외래생물 중 생태계의 균형을 교란하거나 교란할 우려가 있는 생물을 일컫는 말로, 평화롭게 흘러가는 생태계를 교란하고 분탕하고 시끄럽게 만들어 균형을 파괴하는 것을 말한다. 미술계에서 발생하는 지금의 소란은 생태계 교란과 어떠한 차이가 있을까? 아트테이너들이 생태계 교란종이라는 말을 들으면 발끈하고 들고 일어날지 모르겠다. 하지만 지금 발생하고 있는 뜨거운 논쟁을 단순히 잘난 척하는 미술계의 고고함으로 평가절하해서는 안 될 것이다. 즉 미술 전체의 의미와 가치, 개성의 존중을 함께 고민해보아야 한다는 점에서 이른바 미술 생태계는 여전히 보호해야 할 가치가 있는 영역이다.

:: 김민정 변호사의 Talk

'작가'라는 타이틀의 무게

"어느 연예인이 개인전을 열었다", "작품이 얼마에 팔렸다"라는 보도가 자주 들려온다. 조영남을 시작으로 몇몇 손에 꼽히던 아트테이너의 수가 이제 모두 열거하기 힘들 만큼 많아졌다. 이들에 대한 팬들과 대중의 관심이 높은 만큼 작품에 대한 평가와 작가로서의 자질에 대한 논란이 많고, 실제로 조영남의 대작 의혹 관련 소송,* 솔비의 표절 의혹 등의 사건이 불거지기도 했다.

이들의 활동을 환영하는 입장에서는 "미대를 나오지 않았다고 해서 작가가 될 수 없는 것은 아니다", "미술의 대중화와 저변 확대에 긍정적인 역할을 한다"고 하지만, 일각에서는 "프로다운 실력도 갖추지 못한 채 인기에 편승해서 작가로 쉽게 인정받고 그림이 높은 가격에 팔린다"는 비판의 시선도 있다.

미술계 종사자들의 의견도 분분한데, 연예인들이 작품 활동을 하는 것 자체에 대해서는 대체로 유연한 입장이다. "그림 그리는 것이나 작가로 데뷔하는 것에 대한 규제가 있는 것도 아닌데 자유롭게 활동할 수 있다"고 인정한다.

그러나 실력에 대한 평가는 냉정하다. 일부 작가들은 대다수의 아트테이너를 프로페셔널 '작가'로 인정하기에는 표현법과 내용에 있어 모두 개성과 독창성이 부족하다고 평가한다. 모방에서 완전히 탈피해 자기 세계를 구축한 상태를 '작가'라고 부르는데, 최근 화제가 된

---

* 대법원 2020.6.25. 선고 2018도13696 사기

아트테이너들의 작품들을 보면 어디서 본 듯한 거장의 느낌이 드러난다는 것이다(하정우의 작품은 바스키아의 것과, 하지원의 작품은 미국 추상주의 화가 톰블리의 작품과 유사한 느낌이다). 또한 이들 작품은 대부분 주제가 '내면의 치유', '연예인이 아닌 인간 그대로의 나'라며, 감상자와 나누고 싶은 이야기가 빠져있다는 점을 꼬집었고, 결국 "자신의 이름을 떼고 당당히 작품으로 승부하고 비평을 받고 살아남아야 한다"고 강조한다.*

이렇듯 대다수 아트테이너의 실력과 역량은 미술을 업으로 삼아 오랜 기간 캔버스 앞에서 고군분투해온 프로페셔널 '작가'들에 비해 다소 부족한 것이 사실이다. 그럼에도 이들의 전시는 소속사의 홍보 파워와 팬들의 성원에 힘입어 언제나 성황을 이루고, 작품은 비싼 가격에 솔드아웃 되며, 이러한 소식은 곧장 언론을 통해 알려져 해당 연예인의 이미지가 한층 업그레이드되는 효과까지 톡톡히 보게 된다. 이러한 아트테이너들의 화려한 활동상을 보고 있자면, 자연스레 '배고픔'을 숙명으로 평생 작품 활동을 하는 대부분 전업 미술가들의 삶이 오버랩되어 씁쓸한 생각이 들지 않을 수 없다.

문화체육관광부의 '2021 예술인 실태조사'**에 따르면 예술인의 연간 예술 활동 개인 수입은 평균 755만 원이고, 특히 미술 분야 예술인의 경우 평균 연 487.3만 원에 불과하다(월수입이 아닌 연수입이다!). 작품

* "구혜선 · 솔비 · 하정우 · 하지원 … 미술계는 왜 '아트테이너'를 미워하나", 〈일요신문〉, 2021.5.21, https://ilyo.co.kr/?ac=article_view&entry_id=401870.

** 문화체육관광부는 3년마다 예술인 실태조사를 실시하고 있으며, 예술인 5,109명을 대상으로 1:1 면접, 유선 또는 온라인 조사를 통해 이루어졌다. 창작 활동 환경과 생활 · 복지 차원 등 현실로 체감하고 있는 가시적 상황들을 확인한 조사로 예술가들의 생활 실태를 그대로 들여다볼 수 있는 자료다.

옥인콜렉티브(출처: 국립현대미술관 오늘의 작가상 홈페이지 캡처)

활동으로는 돈을 거의 만져보지 못한 작가들이 적지 않고, 대부분의 작가는 예술 활동 여건은커녕 기본 생활조차 해결되지 않는 지극히 불안정한 현실에 놓여있다.

이러한 생활고에 시달리다 보니 심지어 극단적인 선택을 한 경우도 있다. 미술작가그룹 '옥인콜렉티브'로 활동하다가 2019년 8월 스스로 생을 마감한 이정민 · 진시우 작가 부부는 사망 직전 지인들에게 다음과 같은 내용의 이메일을 남겼다. "바보같겠지만 '작가는 직업을 만드는 사람', '예술이 전부인 것처럼 사는 삶'이라고 생각했습니다." 국립현대미술관이 선정하는 '올해의 작가상' 최종 후보에 오를 만큼 촉망받았던 작가들의 죽음에 미술계의 충격은 컸다.

예술가들의 생활고는 어제오늘의 일이 아니고, 이를 타개하기 위해 정부나 지자체도 여러 가지 방편을 마련해왔다. 2011년 생활고를 겪던 어느 시나리오 작가의 안타까운 죽음을 계기로 「예술인 복지법」이 제정되었고, 이를 근간으로 예술인 산재보험, 창작준비금 지원 등 여러 제도가 마련되었다. 특히 「근로기준법」의 사각지대에 있던 예술가들은 4대 보험 등 최소한의 법적 안전망도 보장받지 못해왔는데, "예술가가 노동자로 인식되지 않는 상황에서 전시회를 열려 해도 대출을 받기조차 어렵다"라는 작가들의 오랜 호소 끝에 비로소 지난해부터 예술인 고용보험이 시작되었다.

이와 같이 뒤늦게나마 예술인들의 기본적인 권익을 보호하기 위한 사회적인 제도가 점차 마련되고 있기는 하지만, 산업화와는 거리가 먼 순수 예술이라는 특성, 유통구조의 문제, 좁은 범위의 수요자 등 하루아침에 개선되지 않는 문제들로 인해 여전히 작가들은 "먹고사는 걱정"에서 벗어나지 못하고 있다.

혹자들이 말하듯 미대를 나와야 작가가 되는 것은 아니지만, 실제로 미대를 나온 수많은 작가는 아트테이너들이 상상도 하지 못할 생활고에 직면하고 있으며, 그 척박한 삶을 자신의 작품에 투영하며 힘겹게 '작가'라는 타이틀을 포기하지 않고 있다.

조영남은 아트테이너 논란이 일자 "캔버스 하나 사주지 못할망정 기죽이지 말라"고 했다. 창작지원금을 받아 겨우 작업실 임대료를 충당하고 대관료 대출이 안 되어 개인전을 포기해야 하는 '작가'들과, 연예 활동으로 막대한 수입을 올리다가 취미로 시작한 그림이 1천만 원에 팔리는 아트테이너. 과연 누가 누구에게 캔버스를 사줘야 할까.

4

사회 문제와 대중문화

Issue 1 악성 기사와 댓글의 피해

Issue 2 유튜브의 주작 영상과 가짜뉴스

Issue 3 유튜버의 뒷광고 문제

Issue 4 음원 사재기 문제

Issue 5 성희롱과 여혐 논란

Issue 6 할리우드의 인종차별 문제

Issue 1
악성 기사와 댓글의 피해

:: 이현민 평론가의 Talk

TV 예능이 만들어낸 이미지와 커지는 데미지

스튜디오 예능이 떠난 자리를 채운 관찰예능은 많은 연예인의 사생활을 TV 속으로 가져왔다. 신비주의에 싸여있던 연예인들도 이제는 스스럼없이 관찰예능에 뛰어든다. 자신들의 일상을 공개하고, 집을 공개하고, 취미를 공개하고, 종국에는 가족과 아이들, 친인척까지 공개한다. 예능마다 콘셉트는 다르지만, 관찰예능이라는 큰 틀 안에서 많은 연예인과 그 가족들의 사생활이 노출된다. KBS 〈슈퍼맨이 돌아왔다〉는 9년 차 장수 예능으로 수많은 연예인 가족들이 이 프로그램에 출연했다. 고정 출연진 외에도 게스트 격 연예인들까지 포함하면 수많은 연예인과 그 가족들이 이 방송을 거쳐간 셈이다. 사실 연예인들의 입장에서 아이와 함께 방송에 출연하며 얻는 혜택은 생각보다 많다. 높은 인지도와 인기로 각종 광고를 섭렵하고, 각종 협찬으로 의식주 해결은 물론 취미 생활과 추억 쌓기까지 대중은 누릴 수 없는 수

〈슈퍼맨이 돌아왔다〉의 한 장면(KBS 〈슈퍼맨이 돌아왔다〉 방송화면 캡처)

많은 혜택이 따라온다. 〈슈퍼맨이 돌아왔다〉에 협찬한 놀이 공간이나 장소는 관광명소가 되고, 아이들이 먹고 마시고 입은 제품들은 없어서 못 팔 정도다.

하지만 따라오는 명성과 부만큼 감수해야 할 것들도 많다. 아이들을 향한 입에 담을 수 없는 악플이나 도 넘은 관심, 아이들의 일상생활을 방해하는 불특정 다수의 괴롭힘까지 고통도 매우 많을 것이다. 일각에서는 그들이 방송을 통해 받는 혜택이 큰 만큼 관심도 애정이며 당연히 감내해야 할 부분이라고 말한다. 하지만 이러한 잣대와 시선은 매우 위험하다. 그들의 사생활이 드러났다고 해서 대중이 그들의 사생활을 좌지우지할 권리는 없기 때문이다.

하지만 비상식은 곳곳에서 발생한다. 특히 방송 출연자 중 누군가가 사회적으로 물의를 일으킬 때 그 피해 범위는 광범위하고 비난과 악플은 교묘하고 집요해진다. 물론 연예인들이 물의를 일으키는 수위가 다양하기도 하지만, 그 수위가 높을수록 해당 연예인뿐만 아니라 그 가족들이 받는 고통과 피해는 상상을 초월한다.

2018년 12월 1세대 아이돌 SES의 멤버 슈는 마카오 카지노에서 수억 원대 상습 도박을 한 혐의로 불구속기소됐다. 또 2019년 8월에는 서울의 한 외국인 전용 카지노에서 지인 2명에게 6억 원이 넘는 돈을 빌린 뒤 갚지 않았다는 이유로 고소를 당하기도 했다. 해당 고소를 통해 제기됐던 사기 혐의나 외국인 카지노에서의 도박 혐의는 무혐의 결정을 받았다. 하지만 대중이 이 사건으로 받은 충격은 매우 컸다.

슈는 한국을 대표하는 1세대 요정 아이돌로 큰 인기를 모았으며, 지난 몇 년간 아들과 쌍둥이 두 딸을 데리고 예능 프로그램 및 광고 등에 출연하며 좋은 엄마 이미지로 큰 사랑을 받았다. 아이들의 대중 노출은 물론이고, 아이들을 통한 상업 활동 또한 활발히 했기 때문에 대중의 충격과 상실감은 더욱 컸다. 이로 인해 아이들이 개인적으로 받은 비난은 물론이고, 일부 네티즌들로부터 무차별로 쏟아진 인신공격에 아이들이 큰 피해를 입었다. 슈의 범죄 행위와 수위의 경중을 떠나 아이들을 데리고 TV에 출연한 엄마가 가져야 할 도덕성과 책임의식은 없었고, 그에 대한 비난 여론은 가족과 함께 예능 프로그램에 출연하지 않은 사람들보다 훨씬 거셀 수밖에 없었다. 아무것도 모르는 아이들은 영문도 모른 채 불특정 다수의 공격 대상이 되었고, 그들이 받을 정신적 충격과 고통이 아이들의 성장에 악영향을 미치지는 않을까 염려스럽다.

2020년에는 김건모에 대한 성폭행 고소장이 제출되면서 대중에게 큰 충격을 안겨주었다. 이 사건이 더욱 충격적인 것은 단지 국민가수 김건모에 대한 대중의 실망 때문만이 아니다. 그는 최근 몇 년간 어머니와 함께 SBS 예능 프로그램 〈미운 우리 새끼〉에 출연하면서 자신의 사생활은 물론 어머니와 동생 부부, 조카 등 친인척까지 공개했다. 여기서 끝이 아니다. 그는 오랜 솔로생활을 청산하고 꿈에 그리던 여성을 만나 결혼을 앞두고 있었으며, 이미 혼인신고까지 마친 법적 부부였다. 이 모든 과정이 방송과 신문기사를 통해 연일 보도되었고, 그야말로 김건모 사생활의 일거수일투족이 모두 노출된 셈이다.

법적 부부가 된 신부는 물론이고, 그의 장인까지 낱낱이 공개된 상황에서 성폭행이라는 죄질이 나쁜 사건에 연루되었고, 추가 폭로까지 이어지면서 김건모 사건의 실체는 악화 일로를 걸었다. 심지어 성폭행 고소장 접수가 예고되었던 주말에도 여과 없이 방송된 김건모의 프러포즈 장면은 예능 프로그램을 제작하는 사람들의 도덕성까지 의심될 만큼 신중하지 못한 처신이었다. 그것이 아니라면 정말 이슈에 죽고사는 시청률의 노예이거나 말이다. 순진한 옆집 오빠 이미지를 만든 것도 결국 관찰예능이다. 이는 TV 예능이 만들어낸 이미지가 더욱 커다란 데미지로 되돌아오게 한 뼈아픈 방증이다.

기자의 직업의식이 비판받는 이유

연예인들이 스스로 목숨을 끊는 일이 연이어 발생하고 있다. 그 중 아이돌 가수의 죽음은 대중, 특히 자라나는 청소년들에게 많은 영향을 미치기 때문에 모방자살도 우려되는 상황이다. '베르테르 효과'라 부르는 이러한 모방자살은 유명인 또는 자신이 선망하던 사람이 자살했을 때 그 인물을 따라 자살을 시도하는 현상을 말한다. 모방자살이라 할 수는 없지만 가수 설리의 죽음은 연예계에 적지 않은 영향을 미쳤다. 설리가 자살하자 많은 사람은 그녀의 죽음이 악플 때문이라고 단정 지었다. 그녀 자신의 깊은 속마음을 대중은 다 알지 못했고, 유서 형식의 쪽지 또한 유가족에 의해 비공개되었기 때문에 악플이 죽음의 원인이라 단정하기는 어렵다. 하지만 악플이 자살에 적지 않은 영향을 미쳤을 것임은 유추할 수 있다.

그렇다면 이들 아이돌 가수에게 악플이 달리는 근본적인 이유는 무엇일까? 그들의 연예 활동이 대중에게 눈엣가시로 비친 걸까? 아니면 그들의 사생활이 악플러들을 자극한 것일까? 사실 이 문제는 닭이 먼저인지 달걀이 먼저인지 구분할 수 없을 만큼 근본적인 원인은 불분명하다. 그뿐만 아니라 한 사람의 존엄성을 훼손시키는 악플은 반

댓글 작성 이미지(출처: 연합뉴스)

드시 뿌리뽑혀야 한다. 하지만 최근 발생하는 일련의 사건들에 일정 부분 책임을 물어야 하는 이들이 있다. 바로 기자들이다.

사실 기자들에 대한 다양한 문제는 오랜 시간 이야기되었던 것들이라 긴 설명은 생략하기로 한다. 최근 발생한 연예인들의 자살 이슈와 관련하여 기자들에게 제기되고 있는 문제만 이야기하자면, 그것은 개인의 사생활을 낱낱이 기사화하는 기자들의 직업의식에 대한 의문이다.

개인 SNS를 활용한 소통이 활발해지면서 연예인 대부분은 인스타그램 혹은 유튜브 등 다양한 채널을 통해 개인의 사생활을 공개한다. 사생활을 완전히 공개하는 연예인들도 있고, 경제 논리에 의해 SNS를 활용하는 연예인도 있지만, SNS는 팬들과의 가장 빠르고 중요한 소통 창구임이 분명하다. 그런데 일부 기자들은 개인 SNS에 올린 사진이나 내용을 기사화하는 데 혈안이 되어 있고, 그런 기사만으로 먹고사는 연예부 기자들의 수는 점점 늘고 있다. 하루에도 수만 개의 인스타 게시물이 업로드되는데, 그중에서 화제가 될만한 내용이나 인물을 선정하여 자극적인 기사 제목으로 포털 사이트에 그들의 사생활을 무단 노출시킨다. 기사화하지 말아 달라는 본인의 요청 따위는 가볍게 무시한다. 가장 먼저, 가장 많은 대중에게 기사가 클릭되는 것이 그들의 목표인 것처럼 기자들의 직업의식은 온데간데없다.

사실이나 사건을 전달하는 기사가 아닌, 보지 않아도 될 연예인들의 일상생활을 매 시간 접하는 대중은 피곤하다. 정보의 공해처럼 매일 포털 사이트 연예면은 분주하다. 자극적인 기사 제목은 늘 대중의 이목을 집중시킨다. 가장 악플을 유발할만한 제목을 선정하는 데 혈안이 된 듯 기사 타이틀은 자극적이다. 기자들의 단독 · 특종 기사 전쟁은 상상을 초월한다. 하지만 연예인 개인 인스타를 활용한 기사는 어떤 기자가 얼마나 빨리, 얼마나 자극적으로 기사 제목을 뽑는지를 시험하는 무대가 된 듯하다. 이에 낚인 대중은 손쉽게 연예인들의 일상을 감상하고 살펴보고 평가하며 그들의 삶에 적지 않은 딴지를 걸고 있는 셈이다.

예를 들어 김건모 성추행 논란은 기자들의 입맛을 제대로 자극했다. 특종과 단독에 목말라 있는 그들에게 유튜브 〈가로세로연구소〉(이하 가세연)는 제대로 된 떡밥을 제공했다. 그 때문에 유튜브를 그대로 보고 써 내려간 듯한 기사가 하루에도 수십 개씩 포털을 장식했다. 한예슬 남자친구 관련 사생활도 마찬가지다. 문제는 이 기사들의 수위다. 가세연은 TV쇼 형식을 취하고 있지만, 엄연히 TV 방송과는 다른 개인방송이다. 방송 심의와는 별개로 운영되는 공간으로 구글의 노란딱지 위험부담이 있을 수는 있지만, 얼마든지 낚시와 선동을 해도 무리가 없는 인터넷방송이다. 이들이 이야기하는 내용의 사실 유무를 떠나 김건모 이슈 속 사건의 묘사는 이것을 듣고 보고 알고 싶은 개인채널의 구독자들을 위한 내용이다. 하지만 그들이 방송한 내용들이 어떠한 가감도 없이 문자 그대로 기사화되기 시작하면서, 기사를 읽는 모든 대중이 낯뜨거워지는 일이 매일 발생한 것이다. 기사가 사실을 전달해야 하는 것도 맞지만, 모든 행위를 상세하게 묘사할 필요는 없고, 그 장소에서 일어난 모든 행위를 대중이 알아야 할 필요는 더더욱 없다. 하지만 마치 단독 경쟁이라도 하듯 유튜브 속 사건 개요를 토씨 하나 빠뜨리지 않고 그대로 워딩하여 기사가 작성되고 있는 작

'가로세로연구소' 유튜브 계정(출처: 유튜브 화면 캡처)

금의 현실에 기함할 수밖에 없다.

그야말로 TMI(Too Much Information)다. 'TMI'라는 신조어는 이럴 때 사용되어야 할 것 같다. 포털 사이트, 인터넷 기사도 이제는 19금 수위 조절을 해야 하는 것일까? 기자들의 직업 정신이 과히 의심되는 요즘이다.

:: 김민정 변호사의 Talk

표현의 자유는 무기가 아니다

가수 구하라와 설리. 꽃다웠던 그녀들이 연달아 스스로 목숨을 끊었다는 뉴스가 전해져 대중에게 큰 충격을 주었다. 두 연예인 모두 높았던 인기와 관심만큼 여러 논란에 휩싸이며 오랜 기간 악성댓글에 시달렸고, 그로 인한 정신적 고통이 그녀들의 죽음에 적지 않은 영향을 미쳤음은 분명해 보였다.

2019년 젊은 스타들이 연달아 '악플의 희생양'이 되자, 본격적으로 악성댓글 근절에 대한 논의가 확산되었다. 청와대 국민청원 게시판에는 "인터넷 실명제 도입을 원한다", "포털 사이트 뉴스 댓글을 폐지해 달라"는 등의 청원이 올라왔고, 법과 제도 개선에 대한 사회적 공감대가 형성되자 몇몇 국회의원이 발 빠르게 관련 법안을 발의하기도 했다. 그러나 3년여가 지난 지금도 입법까지는 갈 길이 남은 상황이다.

다행히도 대규모 포털 사이트들이 앞장서서 여러 정책을 내놓았고, 그 효과 또한 긍정적이다. 다음(Daum)을 운영하는 카카오는 2017년 7월부터 업계 최초로 인공지능(AI)을 통해 모든 댓글의 욕설과 비속어를 필터링해 음표(♪)로 바꿔 표시하는 '욕설 음표 치환 기능'을 적용하고 있다. 위 스타들의 사망 직후인 2019년 10월 연예 뉴스의 기사를 폐지했고, 2020년 8월에는 스포츠 뉴스까지 폐지하는 과감한 결정을 했다.

2020년 2월부터는 본격적으로 다음과 카카오톡 #탭 뉴스 서비스의 악성댓글 제재를 시작했는데, 욕설/비속어뿐 아니라 '차별/혐오'에 대한 신고 항목을 신설했고, 신고된 댓글의 문제가 확인되면 해당 댓글을 삭제하는 동시에 작성자에 대한 제재가 이루어진다. 댓글 노출에 대한 접기 기능*과 덮어두기 기능**도 더해졌는데, 이러한 댓글 운영정책 개편 후 욕설 및 비속어를 포함한 댓글이 20% 이상 감소했다고 한다.

네이버도 곧이어 이러한 정책에 동참했다. 2020년 3월에는 약

연예뉴스 댓글서비스 3/5 종료 예고

네이버 연예서비스에서 알려드립니다.

연예뉴스 댓글과 관련하여 연예인의 인격권 침해 우려가 커짐에 따라, 지난 2월19일 네이버 다이어리를 통해 연예 정보 서비스의 구조적인 개편이 완료될 때까지 연예뉴스 댓글을 닫기로 했다는 안내를 드린바 있습니다.

인터넷플랫폼 사업자로서 연예뉴스에서도 댓글을 통한 양방향 소통의 가치를 지켜가고 싶었지만, 현재의 기술 솔루션과 운영 정책으로 문제를 해결하기에는 아직 부족함이 있었습니다.

이에 3월 5일부로 연예 뉴스에서 댓글서비스 를 잠정 종료하게 되었음을 알려드립니다.

서비스 종료 이후에도 아래 페이지를 통해 기존에 작성하신 댓글을 확인 및 삭제하실 수 있습니다.

*나의댓글모음 바로가기> https://entertain.naver.com/userComment

감사합니다.
네이버연예 드림

네이버 연예뉴스 댓글 공지화면

---

* 댓글 영역 상단의 ON/OFF 버튼에서 OFF를 선택하면 댓글 영역 전체가 사라지며, 다시 ON을 누르면 댓글을 확인할 수 있다.

** 보고 싶지 않은 댓글이나 해당 댓글 작성자를 앞으로 나에게 보이지 않게 하는 기능이다.

20년 만에 TV · 연예 뉴스 댓글 창과 인물 연관검색어 서비스를 종료했고, 8월에는 스포츠 뉴스 댓글을 폐지했다. 또 지난해 5월부터는 네이버 뉴스 댓글 및 답글 작성자의 아이디 앞 4자리와 함께 프로필사진이 동시에 노출되도록 했다. 계정에 프로필사진을 설정해놓지 않는 경우가 많고 신원을 특정할 수 없는 사진을 설정하면 큰 효과를 얻기 힘들 것이라는 지적이 있었으나, 실제로 이러한 조치를 한 결과 뚜렷한 악플 감소 효과가 나타나고 있다.*

그런데 이러한 대규모 포털의 앞선 행보와 달리, 법률안은 너무도 더디게 마련되어가는 중이다. 지난해 5월 비로소 '인터넷 준실명제' 도입을 위한 「정보통신망법」 개정안이 국회 과학기술정보방송통신위원회 소위원회를 통과한 후 전체 회의에 상장되어 아직도 논의되고 있는 상태다. 해당 개정안은 "일일 평균 이용자 수가 10만 명 이상인 정보통신서비스 제공자는 인터넷 사이트 내 게시판의 게시글 및 댓글 작성자의 아이디를 공개해야 하고, 이를 위반하면 3000만 원 이하의 과태료 처분을 받는다"는 내용이다.

우선 이러한 '인터넷 준실명제' 도입에 관해 여론은 매우 우호적인 분위기다.** 그러나 그 실효성에 관해 최근 많이 사용되는 페이스북 · 인스타그램 등 다수의 SNS는 해외기업으로 이러한 법률이 적용

---

* 네이버가 댓글 관련 조치를 본격화하기 전후인 2020년 1월과 6월을 비교했을 때, 6월에는 작성자가 직접 삭제한 댓글 수가 20.8% 감소했고, 댓글 규정을 위반해 삭제되는 건수도 63.3%나 줄었다. 또 작성자의 댓글 참여가 위축될 수 있다는 우려와 달리 전체 댓글 수는 0.7%밖에 감소하지 않았다("'악플러 막자' 댓글 프로필 공개 일주일 … 효과 있을까?", 〈파이낸셜뉴스〉, 2021.5.20, https://www.fnnews.com/news/202105201340260069).

** 한국리서치가 2020년 11월 실시한 조사에 따르면 인터넷 실명제 도입에 관해 찬성하는 의견이 80%로, 반대 의견인 9%에 비해 훨씬 높다.

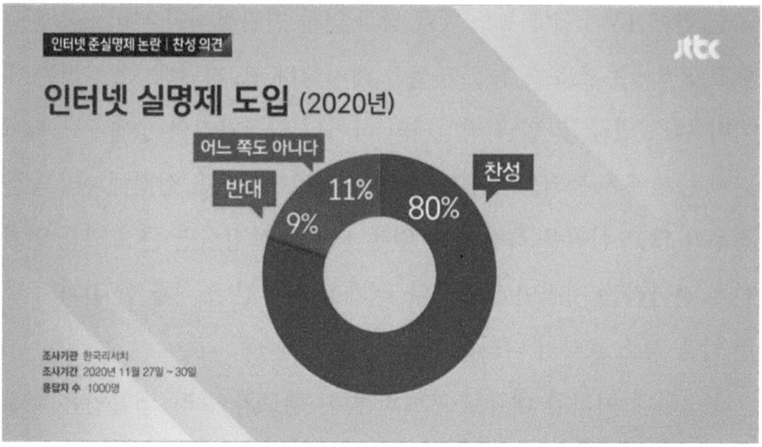

인터넷 준실명제 도입 설문조사(2020. 11) 결과(출처: JTBC 뉴스 화면)

되기 어렵고, 사용자들이 규제가 있는 국내 플랫폼을 떠나 해외 플랫폼에서 주로 활동할 경우 수사조차 쉽지 않다는 실질적인 문제도 제기된다.*

무엇보다 표현의 자유 제한에 따른 자유로운 여론 형성을 방해할 수 있다는 반대 입장이 여전히 팽팽하고, 방통위 등 관계부처들도 이러한 우려로 반대 의견을 낸 상태다. 과거 '인터넷 본인확인제' 역시 '표현의 자유 침해'를 이유로 위헌 결정이 난 바 있는데, 헌법재판소는 2012년 당시 그 결정 이유를 다음과 같이 적시했다.

* 실제로 TV조선이 2021년 5월 4일 보도한 "'블랙박스 · 목격자 찾는다' … 한강 대학생 사망 사건, 주민이 나섰다" 영상이 네이버와 유튜브에 업로드되었는데, 2021년 5월 7일 기준으로 달린 댓글 수에서 네이버는 173개, 유튜브는 1,506개로, 같은 콘텐츠라 해도 유튜브에서의 조회 수, 댓글 수가 더 많았다("역차별 논란에 휩싸인 인터넷 준실명제", 〈IT조선〉, 2021.5.10. http://it.chosun.com/site/data/html_dir/2021/05/07/2021050702027.html).

[헌법재판소 2012.8.23. 선고 2010헌마47, 252(병합) 결정]

"표현의 자유는 국민 개인적인 차원에서는 자유로운 인격발현의 수단임과 동시에 합리적이고 건설적인 의사형성 및 진리발견의 수단이 되며 (중략) 특히 익명이나 가명으로 이루어지는 표현은 외부의 명시적 · 묵시적 압력에 굴복하지 아니하고 자신의 생각과 사상을 자유롭게 표출하고 전파하여 국가권력이나 사회 다수 의견에 대판 비판을 가능하게 하며, 이를 통해 정치적 · 사회적 약자의 의사 역시 국가의 정책결정에 반영될 가능성을 열어준다는 점에서 표현의 자유의 내용에서 빼놓을 수 없는 것이다."

헌재의 판단처럼 표현의 자유, 특히 익명에 의한 표현의 자유는 궁극적으로 민주주의의 존립과 발전을 위해 결코 함부로 제한되어서는 안 되는 헌법적 가치임에는 반론의 여지가 없다. 그러나 포털 사이트 댓글 정책 시행 전인 2018년 한 해 동안 사이버 명예훼손 · 모욕 발생 건수는 1만 5,926건, 악성댓글이 차지하는 비율은 약 80%에 달했고, 이로 인해 누군가의 생명권까지 위협하고 있는 상황에서 무한의 '자유'만을 요구하는 것은 바람직하지 않다.

헌재는 표현의 자유가 "외부의 압력에 굴하지 않고 자신의 생각과 사상을 자유롭게 개진하는 건전한 사회적 비판"을 위해 부여되었다고 했는데, 수많은 악플러는 이러한 권리를 무기로 익명이라는 가면 뒤에 숨어 다른 사람들을 향해 묻지마 폭력을 휘둘러왔다.

민주사회의 구성원으로서 부여된 자유에는 책임이 따른다는 점을 재고하면, 개인의 인권보호뿐만 아니라 건전한 사회적 비판문화를 조성하기 위해서라도 댓글에 대한 제도 개선은 바람직하고 불가피하다. 조속한 입법을 통해 포털 사이트마다 일률적인 제재 정책을 마련함과 동시에 세이프봇(카카오), 클린봇(네이버) 등 AI를 활용한 댓글 관리 기술의 발달이 제도의 실효성을 높여줄 수 있을 것이다.

덧붙여 해외 언론사들의 사례처럼 댓글 기능을 제한하는 대신 홈페이지 독자 의견란이나 SNS 등 토론이 가능한 별도의 장을 충분히 마련해둔다면 표현의 자유 역시 최소한으로 제한되는 효과가 있을 것이다.

무엇보다 중요한 것은 '표현의 자유'를 누릴 수 있는 누리꾼들의 책임 의식이다. 누리꾼들이 악플보다 훨씬 많은 선플을 달게 될 때, 진정한 표현의 자유를 얻게 되지 않을까.

Issue 2
유튜브의 주작 영상과 가짜뉴스

:: 이현민 평론가의 Talk

유튜브, 어디까지 믿어야 하나?

유튜브는 이제 우리 삶의 일부가 되었다. 남녀노소를 불문하고 우리에게 유튜브 없는 삶은 이제 상상조차 하기 힘들다. 별도의 가입 없이도 질 높은 영상을 마음껏 비용 없이 시청할 수 있다는 유튜브만의 특장점은 다른 여느 OTT 매체가 가지고 있지 못한 인기 요인이다. 이용자 측면에서 유튜브만의 차별화가 인기를 견인하기도 하지만, 누구나 영상을 제작하여 업로드하고, 빠르고 신속하게 대중에게 공개할 수 있다는 유튜브만의 강점이 미디어 시대의 전환점을 가져온 것이다.

방송계는 물론 방송과 무관한 일반인까지 누구나 1인 방송사가 될 수 있는 시대다. 유튜브의 수익 창출 효과가 명확해질수록 유튜브 1인 미디어 시장 자체가 거대 산업화되고 있지만, 그럼에도 1인 방송에 도전하는 사람들은 적지 않다. 하지만 이런 자유로움이라는 가능성은 유튜브 방송의 신빙성 문제와 직결된다. 유튜브가 제공하는 정보에 대한 불신, 유튜브가 만들어내는 새로운 거짓 및 선동, 이로 인한 사회적 문제가 곳곳에서 야기되고 있다.

우선 최근 가장 큰 사회적 문제를 일으킨 것은 바로 유튜브 주작(做作) 문제다. 일련의 상황을 조작하여 거짓을 꾸며내어 사회적 문제로 공론화시켜 부당 이득을 취득하거나, 피해자를 양산하는 종류의 문제다. 현재 유튜브 주작 문제는 큰 사회 문제가 될 만큼 그 피해 규모가 크고 수법도 다양한데, 이로 인해 수많은 직간접적 피해자가 발생하고 있다. 피자 · 치킨 배달 조작사건의 경우, 조작이나 거짓으로 없던 일을 있는 것처럼 만들어서 구독자의 관심을 끌어내거나 구독자들로부터 후원 등을 받아 부당 이득을 취하고 명예를 훼손하는 형태다. 수많은 대중의 관심만이 1인 미디어 제작자들의 동력이다 보니, 온갖 종류의 조작이 넘쳐나는 것이 사실이다. 하지만 이들의 조작이 누군가에게 금전적인 타격을 입히거나, 정신적인 피해를 입힌다면 이는 단순히 조작 또는 실수 정도로 치부할 문제가 아님을 깨달아야 한다.

코로나 시대는 우리 삶의 많은 것을 변화시켰다. 특히 비대면의 일상화로 인해 유튜브 등 OTT 매체가 두드러지게 성장했고, 사람들은 유튜브를 통해 다양한 정보를 얻을 뿐만 아니라 대리만족을 한다. 그렇기 때문에 자신이 구독하는 유튜버를 무한 신뢰하거나 그들의 말과 행동에 심하게 감정이입을 하는 등 다양한 형태의 심리적 영향 관계를 맺기도 한다. 최근에는 구독자들의 이러한 심리와 동정심을 유발하여 사회적 파장을 일으킨 사건이 발생하여 많은 이들에게 적지 않은 충격을 안겨주었다.

가수 최성봉은 거짓 암 투병 논란으로 사회적인 파장을 일으켰다. 그는 자신이 대장암 3기이고, 큰 수술과 치료 등으로 치료비가 수천만 원 이상 쌓여있다며 유튜브를 통해 자신을 도와달라고 읍소했다. 그뿐만 아니라 암 치료 중이지만 가수의 꿈은 버릴 수 없다며 음반 제작을 위한 10억 원의 펀딩을 한다고도 발표했다. 그가 제시한 진단서의 진위 여부, 병원복 진위 여부, 풍성한 머리와 통통한 몸매에 대한 의문 등 수많은 의혹이 제기되었는데, 결국 거짓 환자 행세를 한 것이 세상에 드러나게 되었다. 물론 그에 대한 문제 제기를 한 것도 어느 기자 유튜버에 의해 시작된 것이긴 하지만, 유명세를 악용할 수 있는 유튜브 미디어와 조작의 컬래버는 유튜브 매체 자체의 진실성에 대한 근본적 회의를 불러일으키는 결과를 낳았다. 해당 사실이 밝혀지자 그를 후원했던 수많은 구독자, 특히 현재 암 치료 중이거나 암 환자의 가족 후원자들이 받은 충격은 말로 표현할 수 없는 수준이다. 그들에게 직간접적인 정신적인 피해, 더 나아가 이로 인한 건강 악화 등 수많은 문제가 연쇄적으로 발생할 수 있는 만큼 이 사건에 대한 실

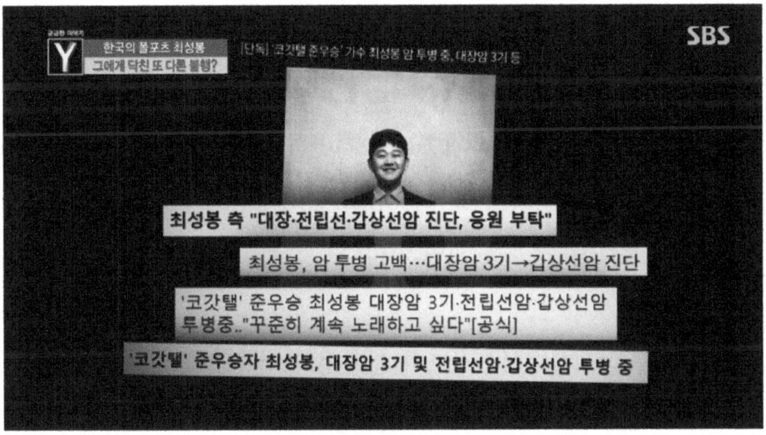

최성봉의 가짜 암 투병 의혹에 관한 방송(출처: SBS 〈궁금한 이야기 Y〉 방송 화면)

질적인 수사가 필요해 보인다.

유튜브 등 미디어는 우리에게 많은 편리함과 정보를 제공해주고 있지만, 플랫폼 자체의 모니터링 시스템이나 규정이 미흡한 상태다. 모든 콘텐츠의 진실성 여부를 검증할 수는 없겠지만, 최소한의 모니터링 규정이 제도화된다면 관련 피해가 줄어들 수는 있을 것이다. 하지만 무엇보다 중요한 것은 유튜브가 제시하는 모든 정보의 진위 여부 또는 진실성 여부에 대해 시청자 스스로 비판적 눈으로 바라보아야 한다는 점이다. 유튜브는 사실상의 광고 플랫폼에 가깝다. 광고와 구독자들에 의해 굴러가는 매체에서 얼마나 높은 진실성을 요구할 수 있을지 시청자 스스로 판단하고 곱씹어봐야 할 문제다.

유튜버에게 사회적 영향력이 생겼을 때 발생하는 문제점

이제 유튜브는 단순히 동영상 플랫폼을 넘어 주요 검색 채널로 영역을 확장했다. 유튜브는 천편일률적이지 않은 정보에 대한 니즈를 충족시켜주면서도 올드 미디어와는 완전히 다른 재미를 준다는 장점이 있다. 유튜브가 언론의 기능까지 재편하고 있으니, 유튜브가 이끈 사회 전반의 변화는 가히 놀라울 정도다. 하지만 우리는 이렇게 손쉽고 빠른 유튜브 속 정보를 과연 얼마나 신뢰하고 있으며, 계속해서 신뢰할 수 있는 것일까?

정보를 검색할 때는 정보의 정확성과 전문성을 고려해야 하고, 신뢰성이 떨어질 만한 정보는 스스로 걸러낼 수 있는 분별력이 필요하다. 검증되지 않은 정보가 난무하는 유튜브에서 신뢰성이 떨어지는 정보를 걸러내는 것은 오직 검색자 스스로의 판단에 달려있다.

누구나 콘텐츠를 제작할 수 있고, 이를 유튜브에 공개할 수 있으며, 조회 수와 구독자 수에 따라 큰돈을 벌 수 있는 세상이다. 하지만 그만큼 정보의 무게와 가치가 낮은 것도 사실이다. 특히 '유튜버'라는 새로운 직업군이 생긴 후부터 오직 유튜브를 돈벌이 수단으로만 생각하는 사람들이 적지 않다. 그들이 제공하는 콘텐츠는 자극적이거나 선정적이며, 정보의 정확도는 매우 떨어진다. 하지만 인기와 조회 수가 높다는 이유만으로 군중 심리에 동화된 대중이 이를 신뢰할 수 있는 정보로 판단 착오하는 등 다양한 사회적 문제가 발생하고 있다.

얼마 전 투렛증후군을 앓고 있는 한 유튜버가 한국 사회를 술렁이게 했다. 일명 '틱장애'로 알려진 투렛증후군은 일상 속에서 불규칙적이면서도 반복적으로 일반에 벗어난 특정 행위를 반복하거나 욕설을 반복하는 일종의 신경성 질환이다. 이 질환은 병의 경중에 따라 한 사람의 일상생활 전반에 큰 영향을 미치는 무서운 질병 중 하나다. 이 병으로 고통받는 사람들이 많고, 지금도 아이의 습관이 혹시 투렛증후군이 아닐까 노심초사하는 부모 또한 적지 않다. 그만큼 누군가에게는 큰 상처이자 고통일 수 있는 하나의 질병이다.

유튜버 '아엠뚜렛'은 이 투렛증후군 환자로 큰 주목을 받았다. 대다수 환자들이 자신의 질병을 숨기려는 것과 달리 그는 자신의 병을 드러내어 알리고, 긍정적이고 활달한 모습을 보이며 많은 대중의 격려와 응원을 받았다. 그중에서도 뚜렛증후군을 앓는 삶의 어려움을 알 수 있는 라면 먹방 영상은 조회 수 400만 회를 돌파하며 큰 화제를

모든 영상이 비공개된 '아임뚜렛' 채널(출처: 유튜브 화면 캡처)

불러 모았다. 물론 유튜버의 특성상 그의 영상이 단순히 격려와 응원만 받은 것은 아니다. 영상이 화제가 되자 구독자가 40만 명을 돌파하고, 영상 조회 수가 폭발적으로 늘면서 그의 수입도 치솟았다. 하지만 얼마 지나지 않아 아엠뚜렛의 행동이 모두 거짓임이 밝혀지면서 대중은 크게 분노했다.

그를 아는 지인들이 아엠뚜렛에 대한 폭로를 시작했는데, 그의 틱장애 행동은 모두 연기이고, 정상 생활이 가능한 일반인이라는 것이었다. 그의 거짓 행각이 드러나면서 그에 대한 비난이 쏟아졌다. 어떤 이들에게는 고통인 질병을 '연기'하며 구독자와 대중을 기만했고, 실제 고통을 겪고 있는 환자들에게는 또 다른 고통을 안겨주었기 때문이다. 인간에게는 지켜야 할 도덕이 있고, 인간이라면 하지 말아야 할 최소한의 양심이라는 것이 존재한다. 장애인이나 사회적 약자를 비하하거나 이들을 흉내 내어 희화화하거나, 이를 행세하여 돈벌이 수단으로 이용하는 등의 행위는 엄연한 범죄다. 왜냐하면 유튜버가 단순히 한 사람의 개인이 아닌, 이제는 어느 정도 사회적 영향력이 생긴 '인플루언서(Influencer)'이기 때문이다.

유튜버 '프리지아'로 활동하고 있는 송○○는 많은 10~20대 여성들에게 영향력을 미치는 뷰티 인플루언서로 큰 인기를 모았다. 하지만 그녀가 애용하는 대다수의 명품제품이 '가품'이라는 사실이 밝혀지면서 대중은 충격에 빠졌고, 해외언론도 이에 대해 연일 보도했다. 명품 '가품'은 누군가의 창작물에 대한 기만일 뿐만 아니라 가품을 명품처럼 소개하고 착용하며 구독자를 기만했다는 것이 사회적으로 큰 문제가 되었다. 그뿐만 아니라 그녀가 넷플릭스를 통해 전 세계적 인기를 누리게 되면서 세계인에게 국내 짝퉁 시장에 대한 편견을 더욱 공고히 해주었다는 사회적 책임까지 따르면서 인플루언서의 영향력과 책임의식에 대해 다시금 논란이 되고 있는 상황이다.

한 개인이 동영상을 찍어 업로드하고 자기 이야기를 전달할 수는 있다. 하지만 이를 구독하는 사람이 최소 10만 명 이상이라면 그들의 말과 행동에 책임이나 제약이 따르는 것은 당연한 이치다. 다수의

소개한 명품 중 다수가 가품으로 밝혀진 유튜버 '프리지아'(출처: 송○○ 인스타그램)

구독자를 가진 유튜버 수가 기하급수적으로 늘어나고, 유튜브 이용자 수도 폭발적으로 증가하면서 그들의 행동과 말에는 본의 아닌 영향력이 생겼다. 유튜버 자신들이 이러한 상황을 의도했는지, 또 그들의 말과 행동에 책임이 필요한지에 대해 고민하고 활동하는지 알 수 없지만, 지금 사회가 요구하는 니즈는 그러하다. 많은 사람이 접하는 영상일수록 검증되지 않은 정보들이 모두 사실인 양 대중에게 흘러가는데, 이에 대한 제재가 필요하다. 펜벤다졸(개 구충제) 품귀 현상이나 가상화폐 유튜버가 구독자로부터 피습을 당하는 등 다양한 종류의 유튜브 관련 사회 문제들이 야기되고 있는 현실이다.

미디어 환경의 변화는 사회를 생각보다 많은 방향으로 바꾸어놓았다. 유튜브에 대한 다양한 문제점으로 이에 대한 관련 법 제정이 추진되고 있지만, 제대로 진행되고 있는 것은 없다. 그럼에도 유튜버의 인지도와 유명세에 따라 사회와 대중에게 미치는 영향력은 더욱 커질 수밖에 없으니, 날이 갈수록 유튜버로 인한 사회적 문제는 다양화되고 심각해질 것으로 보인다. 겨우 「정보통신망법」 위반이나 허위 과장 광고에 대한 가벼운 처벌의 제재만 이루어지고 있으니 호미로 막을 것을 가래로 막는 일이 발생하지나 않을까 우려스럽다. 유튜브에 대한 명확하고 합리적인 규제가 필요한 시점이다.

:: 김민정 변호사의 Talk

처벌도 무섭지 않은 주작 영상과 가짜뉴스

유튜브라는 새로운 매체가 우리 생활에 깊숙이 파고든 지 불과 4~5년. 넘쳐나는 채널과 콘텐츠에 구독자와 조회 수가 기하급수적으로 늘어났고, 적지 않은 사람들이 이제 '유튜버'라는 본캐 또는 부캐를 통해 막대한 경제적 이득을 얻고 있다. 돈이 있는 곳에는 어김없이 따라오는 각종 범죄. 그러나 이들에 대한 법적 규제는 아직도 공백투성이다.

최근 유튜브에서 뒷광고와 함께 논란이 되고 있는 것은 바로 주작 영상과 가짜뉴스다. 유튜버들이 조회 수 올리기에 혈안이 돼 감상자들을 속이는 영상을 만들기에 이른 것이다.

2020년 유튜브 채널 '야생마TV'(당시 구독자 43만 명)를 운영 중이던 유튜버 야생마는 테슬라 차량을 리뷰하던 중 배터리가 갑자기 방전돼 차를 견인해야 했다며 테슬라의 배터리 성능을 비난하는 내용의 영상을 게시했는데, 조작으로 드러났다. 또 구독자가 100만 명이 넘는 유튜버 송○○은 "배달 음식이 도착했는데 배달 내용물을 누가 빼먹었다"며 베어 문 듯한 치킨과 두 조각 모자라는 피자를 보여주며 해당 매장에 전화해 환불을 요구하는 모습의 영상을 올렸는데, 이 역시 조작이라는 사실이 밝혀졌다.

해당 프랜차이즈 업체 운영사는 송○○을 명예훼손, 업무방해 등의 혐의로 고소했고, 민사소송도 준비하고 있는 것으로 알려졌는데, 형사처벌은 가능할까? 결론부터 말하면 뒷광고와 달리 주작 영상에

형법

제314조(업무방해)

① 제313조의 방법(=허위의사실을 유포하거나 기타 위계) 또는 위력으로써 사람의 업무를 방해한 자는 5년 이하의 징역 또는 1천500만원 이하의 벌금에 처한다.

정보통신망법

제70조(벌칙)

② 사람을 비방할 목적으로 정보통신망을 통하여 공공연하게 거짓의 사실을 드러내어 다른 사람의 명예를 훼손한 자는 7년 이하의 징역, 10년 이하의 자격정지 또는 5천만원 이하의 벌금에 처한다.

대해서는 형사처벌 가능성이 높다.

먼저 해당 행위는 주작 전화로 시청자를 기망한 위계로 볼 수 있어 위계에 의한 업무방해가 성립할 수 있고, 또한 유튜브라는 정보통신망 매체를 이용해 비방의 목적으로 프랜차이즈 업체의 명예를 훼손한 것으로 「정보통신망법」 제70조 2항 위반(허위사실 유포에 의한 명예훼손)에 해당할 수 있다. 또한 함께 주작 영상을 만든 사람들 역시 모든 상황을 알고 있었을 것이기 때문에 공동정범이 될 수 있다.

또한 민사상 손해배상청구에 관해서는 손해배상을 청구하는 원

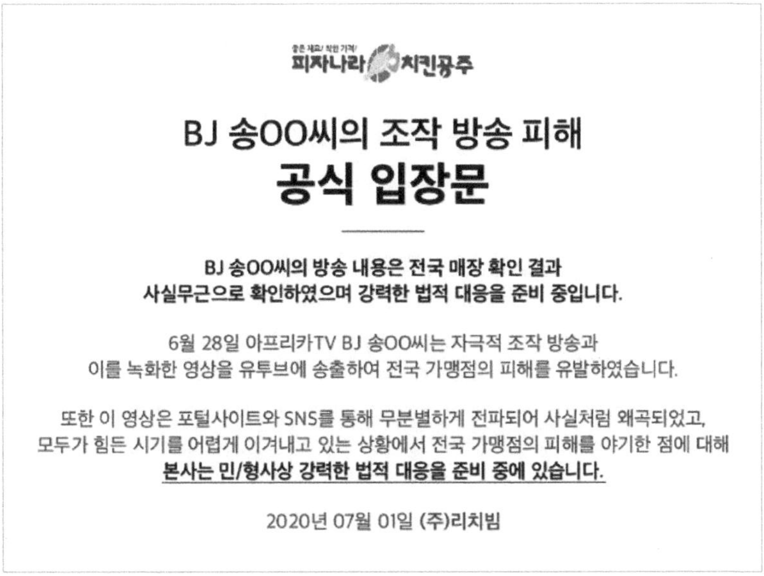
피자나라 치킨공주

BJ 송OO씨의 조작 방송 피해

공식 입장문

BJ 송OO씨의 방송 내용은 전국 매장 확인 결과
사실무근으로 확인하였으며 강력한 법적 대응을 준비 중입니다.

6월 28일 아프리카TV BJ 송OO씨는 자극적 조작 방송과
이를 녹화한 영상을 유튜브에 송출하여 전국 가맹점의 피해를 유발하였습니다.

또한 이 영상은 포털사이트와 SNS를 통해 무분별하게 전파되어 사실처럼 왜곡되었고,
모두가 힘든 시기를 어렵게 이겨내고 있는 상황에서 전국 가맹점의 피해를 야기한 점에 대해
본사는 민/형사상 강력한 법적 대응을 준비 중에 있습니다.

2020년 07월 01일 (주)리치빔

유튜버 송○○의 주작 방송으로 피해를 입은 업체의 입장문

고가 입증 책임이 있기 때문에 해당 업체가 주작 영상과 매출 감소 사이의 인과관계를 입증해야 하는데, 일반적으로 쉽지는 않다. 다만 정신적 손해배상인 위자료는 어느 정도 인정될 가능성이 있어 보인다.

한편, 가짜뉴스 폐해는 주작보다 한층 더 심각하다. 정인이 사건, 한강 의대생 실종사건 등 안타까운 누군가의 죽음이 일부 유튜버들에게는 '먹잇감'이 되기까지 한다. 이런 논란의 사건에 근거 없는 가짜뉴스 영상이 쏟아지는 이유는 수익 때문인데, 유튜버들은 조회 수를 올려 이참에 '한몫 챙기자'라는 생각만으로 타인의 불행과 피해 따위는 안중에도 없다.

유튜브 통계분석 사이트 '녹스인플루언서'와 '플레이보드'에 따

범죄수익은닉의 규제 및 처벌 등에 관한 법률

제2조(정의)

이 법에서 사용하는 용어의 뜻은 다음과 같다.

1. "특정범죄"란 재산상의 부정한 이익을 취득할 목적으로 범한 죄로서 별표에 규정된 죄(이하 "중대범죄"라 한다)와 제2호나목에 규정된 죄를 말한다. 이 경우 중대범죄 및 제2호나목에 규정된 죄와 다른 죄가 「형법」 제40조에 따른 상상적 경합(想像的 競合) 관계에 있는 경우에는 그 다른 죄를 포함하며, 외국인이 대한민국 영역 밖에서 한 행위가 대한민국 영역 안에서 행하여졌다면 중대범죄 또는 제2호나목에 규정된 죄에 해당하고 행위지(行爲地)의 법령에 따라 죄에 해당하는 경우 그 죄를 포함한다.

2. "범죄수익"이란 다음 각 목의 어느 하나에 해당하는 것을 말한다.

가. 중대범죄에 해당하는 범죄행위에 의하여 생긴 재산 또는 그 범죄행위의 보수(報酬)로 얻은 재산

나. 다음의 어느 하나의 죄에 관계된 자금 또는 재산

1) 「성매매알선 등 행위의 처벌에 관한 법률」 제19조제2항제1호(성매매알선등행위 중 성매매에 제공되는 사실을 알면서 자금 · 토지 또는 건물을 제공하는 행위만 해당한다)의 죄

2) 「폭력행위 등 처벌에 관한 법률」 제5조제2항 및 제6조(제5조제2항의 미수범만 해당한다)의 죄

3) 「국제상거래에 있어서 외국공무원에 대한 뇌물방지법」 제3조제1항의 죄

4) 「특정경제범죄 가중처벌 등에 관한 법률」 제4조의 죄

5) 「국제형사재판소 관할 범죄의 처벌 등에 관한 법률」 제8조부터 제16조까지의 죄

6)「공중 등 협박목적 및 대량살상무기확산을 위한 자금조달행위의 금지에 관한 법률」제6조제1항 · 제4항(제6조제1항제1호의 미수범에 한정한다)의 죄

르면 한강 의대생 실종사건 영상을 지속적으로 제작해온 6개의 계정을 분석한 결과, 한 달간 적게는 59만 원부터 많게는 5,847만 원에 달하는 수익을 올렸을 것으로 추정했다.

이렇게 유튜버 등이 가짜뉴스로 벌어들이는 돈은 범죄수익으로 보고 이를 환수해야 한다는 목소리가 높고, 충분히 가능할 것처럼 보인다. 그런데 문제는「범죄수익은닉규제법」상 몰수할 수 있는 수익은 특정범죄('중대범죄'와 법 제2조 제2호 나목에 규정된 죄)로 인해 얻은 재산으로 한정되어 있고, 여기에 가짜뉴스 처벌 근거인「정보통신망법」과「전기통신기본법」위반은 포함돼 있지 않다는 점이다. 그리고 설사 허위사실 유포에 의한 명예훼손이 인정되어 민사상 손해배상을 청구한다고 해도 위자료에 박한 우리 법원에서 인정하는 손해배상의 액수는 터무니없이 적다.

이렇듯 유튜버들이 무분별한 가짜뉴스를 생산하고 배포한다고 해도 그것이 허위사실임이 명백히 입증되는 경우에 한해「정보통신망법」위반(명예훼손)에 따른 약간의 벌금형을 받거나, 민사소송의 경우에도 막대한 피해에 비하면 턱없이 부족한 위자료 배상 책임만이 따를 뿐이다. 그에 반해 그들이 얻는 수익은 상당하기 때문에 유튜버들은 법 위반에 따른 뒷일은 아랑곳하지 않고 일단 가짜뉴스 영상을 만

'고(故) 손○○ 씨 추모 · 공정수사 촉구 시민 발언대'를 보는 시민(출처: 연합뉴스)

들어 올리고 보는 것이다. 결국 현행법으로는 이들을 실질적으로 규제하기 어렵다는 결론이다.

그렇기 때문에 실효성 있는 입법이 하루빨리 필요한 상황인데, 정치권도 한때는 '가짜뉴스 뿌리 뽑기'에 제대로 나선 듯했다. 민주당은 2020년 10월 미디어 · 언론 상생 TF를 결성해 ① 포털에 허위정보 삭제의무 부과 ② 허위조작정보 작성자에 징벌적 손해배상 ③ 악성댓글 피해자 게시판 중단 요청 등 인터넷상 허위정보 방지를 위한 「정보통신망법」 개정안을 여럿 발의했다. 위 법안들은 언론사와 포털 사이트의 책임을 강조했던 기존 「정보통신망법」에 개인에 대한 책임을 묻는 내용이 추가된 것이다. 개인도 뉴스 작성의 주체로 보고 법의 테두리에서 관리한다는 취지다. 소셜네트워크서비스(SNS), 유튜브 등을 통한 개인방송의 영향력과 여기에서 발생하는 허위정보로 인한 피해가 그만큼 커졌기 때문이다.

그런데 지난해 8월 돌연 입법의 초점이 종전의 1인 미디어, 유튜브 등에서 기존 언론으로 옮겨갔고, 민주당이 「정보통신망법」이 아닌 「언론중재법」을 개정하기로 하면서 대상은 신문과 방송 등 기존 언론과 포털로 좁혀졌다. 「언론중재법」 개정안 논의는 그때부터 급물살을 타고 국회 문화체육관광위를 통과하더니 최종 논의는 대선 이후로 미뤄놓았고, 「정보통신망법」 개정안은 현재 국회에서 논의조차 되지 않고 있다. "선거를 앞둔 여당이 가짜뉴스의 근원지는 놔둔 채 권력에 비판적인 언론에 대한 규제만 강화하려 했다"는 지적이 나오지 않을 수 없다.

지금처럼 유튜브의 가짜뉴스 규제에 대한 법의 공백이 없어지지 않는 한 피해자와 수익자를 동시에 양산하고 있는 가짜뉴스의 폐해는 줄지 않을 것이기에 해외 사례처럼 실효성 있는 입법안이 하루빨리 통과되고 시행되어야 한다.

한 예로 독일은 2017년부터 소셜 네트워크 플랫폼 사업자의 콘텐츠 관리책임을 강화하는 「망집행법(NetzDG)」을 제정해 가짜뉴스 유포에 대한 처벌을 진행 중이다. 소셜 네트워크상에 가짜뉴스 등 위법적 게시물이 올라왔을 경우, 소셜 네트워크 제공자가 24시간 이내에 삭제하지 않으면 최대 5천만 유로(약 662억 원)에 달하는 벌금이 부과된다. 프랑스는 '명백한 불법' 콘텐츠의 경우 24시간 내에 삭제하지 않으면 최대 125만 유로(약 16억 5천만 원)의 벌금을 부과하고, 이용자가 혐오 콘텐츠 발견 시 즉각 신고할 수 있는 시스템을 갖추는 내용의 「인터넷 혐오 표현 금지법」을 통과시켰다.

위와 같은 법안이 국내에 도입된다고 해도 유튜브 같은 글로벌 사업자들에 대한 제재는 쉽지 않아 실효성에 대해 의문이라는 지적도 있다. 그러나 글로벌 사업자에 대해 당장의 효과를 기대하기는 어렵다 할지라도 국내 사업자들에 대한 적극적인 규제가 시작된다면 악성 댓글의 경우와 같이 그 피해 사례가 눈에 띄게 감소하는 것을 기대해 볼 수 있을 것이다. 대량의 뉴스가 소셜미디어에서 소비되고 있는 현실을 고려하면 플랫폼 사업자는 더 이상 기성 언론사와 다르지 않으며, 이제는 그 면책특권의 지위를 거두고 법적 의무와 책임을 부담해야 한다.

한편, 가짜뉴스 유포자 개인에 대한 처벌과 손해액의 3배에 달하는 징벌적 책임을 묻는 것에 대해 표현의 자유를 제한하는 무분별한 규제라는 우려도 있으나, 최근 가짜뉴스의 심각성, 피해 규모, 전파 가능성 등을 생각하면 결코 과도한 제한은 아니다.*

덧붙여, 사후 처벌에만 초점을 맞춘 대응책은 한계가 있으므로 기성 언론의 팩트체크 기능을 강화함과 동시에 시민과 전문가들 역시 플랫폼 등을 이용해서 팩트체크에 적극 참여했으면 한다. 정확한 정보가 활발하게 유통됨으로써 근거 없는 가짜뉴스는 자연스레 사라질 것이기 때문이다.

---

* 한국언론재단 미디어연구센터의 온라인 설문조사(2021년 2월 3~9일)에 따르면 유튜브 이용자의 57.2%가 유튜버와 유튜브 채널에 대해 "더 강력한 규제가 필요하다"는 의견인 것으로 나타났다.

Issue 3
유튜버의 뒷광고 문제

:: 이현민 평론가의 Talk

내돈내산 후유증, 뒷광고로 유튜버에게 호갱 되는 시대?

'내돈내산'이라는 단어는 이미 네이버 시사상식사전에 기재된 단어다. '내 돈 주고 내가 산 제품'이라는 뜻으로, 소셜 커머스와 PPL이 시장경제를 주도하면서 매체에 드러나는 모든 종류의 상품에 광고비 포함 여부를 인증해야 하는 시대가 온 것이다. 소셜 커머스의 발달은 상거래의 패러다임을 완전히 바꾸어놓았는데, 가장 특징적인 것은 연예인이 아니어도 여러 수단을 이용해 유명해진 셀러(seller)가 자신의 유명세를 이용하여 물건을 사고팔 수 있게 되었다는 점이다. 상품 상거래의 진입 장벽이 낮아졌다는 이야기다. 따라서 '인플루언서'라는 이름 하에 비연예인이지만 물건을 팔거나, 연예인들도 자신의 높은 인지도와 영향력을 활용하여 상품 판매를 하는 등 SNS를 활용한 상거래 방식이 이제 일상이 되었다. 그중에서도 최근 사회적 물의를 일으킨 유튜브 뒷광고 문제의 경우, 소셜 커머스라는 큰 맥락은 일맥상

통하나 상세하게 살펴보면, 상거래 방식보다는 유명인의 인기를 활용한 광고와 그로 인한 시청자 기만에 대해 논의의 기준을 바꾸어봐야 할 것 같다.

스타일리스트 한혜연은 인간적인 면모와 유머러스한 입담으로 젊은 여성들의 인기를 한몸에 받았다. 슈퍼스타의 스타일리스트, 일명 '슈스스'라는 별칭으로 예능 프로그램에도 고정 출연하는 등 인지도 면에서 여느 연예인 못지않은 큰 인기를 누렸다. 특히 구독자들을 향해 '베이비'라는 친근한 별칭으로 옆집 언니 같은 인상을 주었고, 이를 통해 인기는 물론 높은 신뢰를 얻은 것이 사실이다. 하지만 그가 한 #내돈내산 속이기(유튜브 뒷광고)는 구독자뿐만 아니라 일반 시청자에게도 사기에 준하는 배신감을 안겨주었다.

PPL을 할 수 있다는 것은 이미 대중적인 인지도와 명성이 검증

스타일리스트 한혜연 '슈스스TV' 유튜브 계정(출처: 유튜브 화면 캡처)

된 사람이고, 인기를 활용하여 마케팅한다는 점 등에서 그들의 영향력은 단순한 유튜버의 수준을 뛰어넘는다. 친근한 이미지로 구독자들의 환심을 샀다면, 그 환심에 대한 보답을 거짓으로 되돌려주어서는 안 되는 것이다. 한혜연은 방송에서 "(이 물건을 사기 위해 돈을) 무지하게 썼다"고 강조했고, 다비치 강민경도 평소에 쓰는 제품인 것처럼 광고 제품을 홍보했다. 유명인이 직접 산 상품을 추천하면 소비자는 그 상품보다 그 사람에 대한 신뢰감으로 제품을 구입한다. "광고이지만 추천한다", "광고라서 추천한다" 등 작은 어감의 차이지만 받아들이는 소비자에게는 신뢰도에 직접적인 영향을 미칠 수 있는 만큼 상품 광고

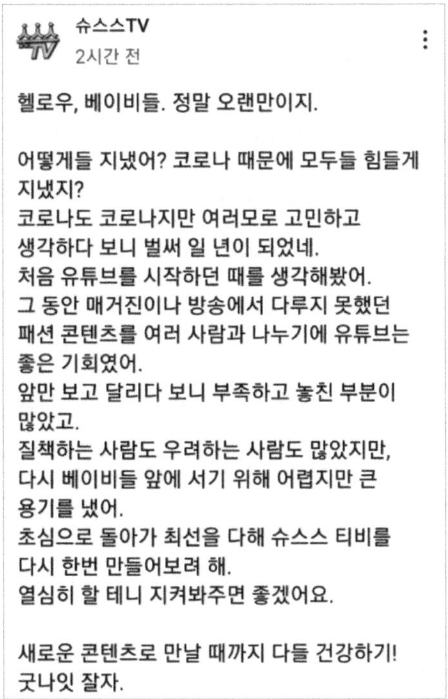

슈스스TV
2시간 전

헬로우, 베이비들. 정말 오랜만이지.

어떻게들 지냈어? 코로나 때문에 모두들 힘들게 지냈지?
코로나도 코로나지만 여러모로 고민하고 생각하다 보니 벌써 일 년이 되었네.
처음 유튜브를 시작하던 때를 생각해봤어.
그 동안 매거진이나 방송에서 다루지 못했던 패션 콘텐츠를 여러 사람과 나누기에 유튜브는 좋은 기회였어.
앞만 보고 달리다 보니 부족하고 놓친 부분이 많았고.
질책하는 사람도 우려하는 사람도 많았지만, 다시 베이비들 앞에 서기 위해 어렵지만 큰 용기를 냈어.
초심으로 돌아가 최선을 다해 슈스스 티비를 다시 한번 만들어보려 해.
열심히 할 테니 지켜봐주면 좋겠어요.

새로운 콘텐츠로 만날 때까지 다들 건강하기!
굿나잇 잘자.

스타일리스트 한혜연 사과글(출처: 유튜브 화면 캡처)

는 민감하고 세심하게 다루어야 할 부분이다.

한혜연은 본 사건과 관련하여 유튜브 영상을 통해 직접 사과했는데, 일각에서는 직접 잘못한 것은 빼고 두루뭉술한 표현으로 사과했다고 비난했다. 강민경은 자신의 유튜브 내용 자체는 광고가 아니고, 해당 제품의 일부만 광고로 진행했기 때문에 큰 문제가 되지 않는다며 '유체이탈'식 해명으로 논란을 더욱 키웠다. 결국 기만을 당하는 것은 소비자이고, 그들을 믿고 제품을 산 고객이 왠지 모를 '호갱님'이 된 느낌은 지울 수 없다.

해당 사건 이후 SNS를 중심으로 판매되는 수많은 제품에 광고 여부가 표시되기 시작했고, 이에 대한 엄격한 기준과 소비자의 까다로운 평가를 받게 되었다. 하지만 일부 네티즌들은 이번 사건과 관련하여 유튜브 광고에까지 그렇게 엄격한 잣대를 들이대야 하는지에 대해 의문을 제기했다. 하지만 매체가 사람들의 라이프스타일을 모두 재편하고 있는 지금, "유튜브인데 뭐 어때?"는 더 이상 통하지 않는 변명이 되었다. 자신의 행위를 통해 수익을 창출하고, 또 사람들에게 어떠한 종류의 영향력을 미치고 있다면 사회적 책임과 도덕성 역시 모두 고려해야 하는 시대가 온 것이다. 그들의 행위가 법적으로 문제가 된다면 이는 부차적인 문제다. 가장 비난받아야 할 대목은 역시 시청자의 믿음을 기만으로 바꾸어놓았다는 사실이다.

뒷광고 논란으로 PPL 자체에 대한 시청자의 불만과 거부감이 높아지면서 드라마 등 방송 콘텐츠는 물론 유통 및 소셜 커머스 시장까지 앞광고 체제로 전환을 꾀하고 있다. 예를 들어 유통 및 이커머스 업계가 자체 콘텐츠 플랫폼을 운영하면서 자신들의 브랜드를 활용한 다양한 콘텐츠(웹 드라마, 뮤지컬, 유튜브 등)를 제작하고, 해당 콘텐츠에 자신들의 브랜드를 가득 채우는 것이다. 굳이 어색하게 상품의 이름을 드러내거나 알릴 필요 없이 콘텐츠 자체가 광고가 되는 새로운 형태의 앞광고를 제작하는 것이다. 현대백화점은 자사 패션 전문기업의 패션 아이템을 홍보할 목적으로 웹 드라마를 기획했고, 이를 통해 별도의 판촉 이벤트 없이 브랜드 매출 신장을 이루어내는 등 새로운 시도를 통해 큰 변화를 이끌어냈다.

이제는 고객 스스로 광고의 주도권도 가져가는 시대다. 뒷광고나 #내돈내산 등의 눈속임으로 대중을 기만할 수는 없다. 업계도 이런 상황을 명확히 파악했는지 발 빠른 변화를 꾀하고 있다. 매체의 다양화는 광고 시장의 판도까지 바꾸고 있다. 유튜버에 의해 호갱이 될 수는 없다.

:: 김민정 변호사의 Talk

뒷광고 숨긴 유튜버, 사기일까?

우리는 블로그, 인스타그램, 유튜브 등 각종 SNS에서 쉴 새 없이 쏟아내는 콘텐츠의 홍수 속에 살아가고 있다. 사람이 모이는 곳에는 돈이 모이는 것은 당연지사. SNS는 그야말로 각종 광고의 장이다.

2020년 유튜브 뒷광고 논란이 거셌다. 인기 유튜버들이 먹는 음식, 다니는 맛집, 착용하는 각종 옷, 가방, 신발 등 그들의 취향을 엿보고 덩달아 지갑을 열었던 많은 구독자는 '뒷광고' 때문에 제대로 '뒤통수'를 맞았다. 논란의 중심에 있던 몇몇 유튜버는 해명하거나 사과문을 게재했지만, '내돈내산'의 진정성 있는 리뷰로 인식됐던 인플루언서들의 콘텐츠가 교묘한 광고였다는 사실에 구독자들의 실망과 분노는 쉽게 식혀질 리 없다.

단단히 화가 난 소비자는 이러한 뒷광고 유튜버들을 사기죄로 처벌해달라는 청와대 국민청원을 올리기도 했는데, 실제로 사기죄 적용이 가능한 것일까? 아쉽게도 결론부터 얘기하자면 쉽지는 않아 보인다.

형법상 사기죄는 '기망행위', 즉 다른 사람을 속이는 행위로 말미암아 본인 또는 제3자가 '재산상 이익'을 취해야 성립하는 죄다. 그런데 '기망행위'에 관해 대법원은 "일반적인 상거래의 관행과 신의성실의 원칙에 비추어 수인될 수 있는 정도라면 남을 속인 걸로 볼 수 없다"는 입장이고, 유튜버들이 광고비를 받은 사실을 알리지 않은 것 정도는 적극적인 기망행위로 보기 어렵다는 것이 법률가들의 대체적인

대법원 2019.4.23. 선고 2015다28968판결 등

상품의 선전 광고에서 거래의 중요한 사항에 관하여 구체적 사실을 신의성실의 의무에 비추어 비난받을 정도의 방법으로 허위로 고지한 경우에는 기망행위에 해당할 것이나, 그 선전 광고에 다소의 과장이 수반되었다고 하더라도 그것이 일반 상거래의 관행과 신의칙에 비추어 시인될 수 있는 것이라면 이를 기망행위라고 할 수 없다.

형법

제347조(사기)

① 사람을 기망하여 재물의 교부를 받거나 재산상의 이익을 취득한 자는 10년 이하의 징역 또는 2천만원 이하의 벌금에 처한다.

② 전항의 방법으로 제삼자로 하여금 재물의 교부를 받게 하거나 재산상의 이익을 취득하게 한 때에도 전항의 형과 같다.

견해다.

'재산상 이익'을 취했는지에 대해서도 설령 소비자가 유튜버들의 뒷광고에 속아 구매했다고 하더라도 그 소비로 인한 이익은 일단 광고주에게 가는 것이기 때문에 기망행위로 인해 유튜버 본인들이 직접적인 이익을 취했다고 보기도 어렵다. 단, 기망행위로 제3자에게 재산상 이익을 취하게 한 경우도 사기죄에 해당할 수 있는데, 실제로 구매유도 행위로 인해 광고주에게 이득을 가져다주고 이를 기반으로 광고비가 지급된 사실들을 모두 입증하기가 쉽지 않다.

이렇듯 유튜브 뒷광고가 심각한 문제로 드러나고도 유튜버에 대한 규제 방법이 사실상 전무하자 결국 공정거래위원회가 나섰다. 공정위는 '추천 · 보증 등에 관한 표시 · 광고 심사지침'(공정거래위원회예규)을 개정해 유튜버들이 금전적 지원과 협찬 등 어떤 경제적 대가를 받았는지 명확하게 콘텐츠에 표시하도록 하고(예를 들어, △대가성 광고 △금전적 지원 △상품 협찬 △무료 상품 등), 광고주로부터 경제적 대가를 받은 사실

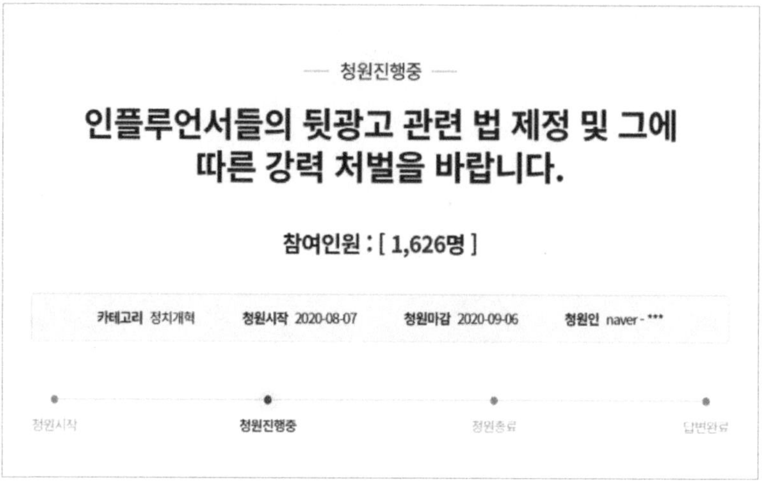

'뒷광고' 논란 관련 국민청원(출처: 청와대 국민청원 게시판)

추천 • 보증 등에 관한 표시 • 광고 심사지침
(공정거래위원회예규 제350호, 2020.6.22. 개정, 2020.9.1. 시행)

Ⅴ. 5. 광고주와 추천 · 보증인과의 경제적 이해관계 공개

가. 광고주와 추천 · 보증인과의 사이에 추천 · 보증 등의 내용이나 신뢰도 등에 영향을 미칠 수 있는 경제적 이해관계가 존재하는 경우에는 광고주 또는 추천 · 보증인은 이러한 경제적 이해관계를 공개하여야 한다. 예를 들어 추천 · 보증인이 광고주로부터 현금이나 해당 상품, 상품권, 적립포인트, 할인 혜택 등 경제적 대가를 받거나 광고주로부터 직접 고용된 상태에서 추천 · 보증, 공동구매 주선 등을 하는 경우, 추천 · 보증 등을 하는 매 건마다 당해 추천 · 보증 등이 상업적 표시 또는 광고에 해당된다는 사실을 소비자들이 알 수 있도록 경제적 이해관계를 명확히 표시하여야 한다.

을 숨기고 뒷광고를 할 경우 「표시광고법」에 따른 과징금 등의 처벌을 받을 수 있도록 했다.* 덧붙여 공정위는 효율적인 모니터링을 위해 SNS 뒷광고 등을 감시할 외부 전문기관을 선정하고 유튜브 뒷광고 상시 감시 체계를 가동한다는 야심 찬 계획도 밝힌 상태다.

비록 한발 늦었지만, 지금이라도 규제 근거가 마련된 것은 다행이다. 그러나 모든 사회적 문제가 마찬가지이듯 법은 결코 모든 것을 해결해주는 마술사가 아니다. 결국 당사자들인 유튜버와 콘텐츠 제작사, 그리고 MCN** 업계 전반의 노력이 병행된 자율규제가 이루어져야만 실질적인 변화가 이루어질 수 있다.

이번 뒷광고 논란은 유튜버인 애주가TV참PD(구독자 112만 명 보유)가 폭로하며 그 실상이 알려지기 시작했다. 이어 홍사운드, 테크몽, 사망여우 등 여러 유튜버도 동참해 뒷광고 실태를 폭로하며 플랫폼 내 자정과 공정경쟁을 강조하고 나섰는데, 유튜버 간의 이러한 긍정적인 견제가 앞으로도 계속되기를 바란다.

무엇보다 중요한 것은 유튜버 각자의 책임의식임은 너무나도 당연한데, 카메라 앞에서 눈물을 흘리며 사과한 유튜버들이 '6개월 복귀 법칙'***에 어김이 없는 것을 보면 씁쓸한 생각이 드는 것은 어쩔 수

---

* '추천 · 보증 등에 관한 표시 · 광고 심사지침'은 유튜브 같은 인터넷 동영상 서비스뿐 아니라 블로그, 페이스북, 인스타그램, 팟캐스트 등 온라인 콘텐츠 전반에 적용된다.

** 'Multi Channel Network(다중 채널 네트워크)'의 약어로 페이스북, 유튜브 등의 인터넷 스타를 위한 기획사다. 일반적으로 제품, 프로그램 기획, 결제, 교차 프로모션, 파트너 관리, 디지털 저작권 관리, 수익 창출 · 판매 및 잠재고객 개발 등의 영역을 콘텐츠 제작자에게 지원하는 역할을 한다.

*** 사회적인 물의를 일으켰던 유튜버 대다수가 6개월 안에 복귀하는 것을 의미한다. 이는 유튜브가 6개월 이상 사이트에 로그인하지 않으면 계정을 회수할 수 있고, 채널이 6개월 이

없다. '공인'도 아닌 유튜버들에게 이러한 사회적 · 도덕적 책임을 묻는 데 대해서는 이견이 있을 수 있지만, 남녀노소를 불문하고 우리 생활 속에 이미 깊숙이 자리 잡은 유튜브의 막강한 영향력을 부정할 수 없는 현실인 것은 분명해 보인다.

"우리는 이제 모두 연예인이다(We Are All Celebrities Now)"는 미국 공영라디오(NPR)가 2011년 소셜미디어의 폭발적 성장을 다루며 보도한 특집 기사의 제목이라고 한다.* 수십만 명의 구독자, 팔로워들이 보는 콘텐츠를 만들고, 이로 인해 연예인 못지않은 인기와 수입을 얻는 인플루언서들을 보면 이들이야말로 이 시대의 신흥 '공인'이 아닐까? 구독자 숫자만큼 보는 눈이 있다는 것을 잊지 말았으면 한다.

상 비활성 상태이거나 커뮤니티 게시물이 업로드되지 않은 경우 채널의 수익 창출 자격을 박탈할 수 있게 규정한 유튜브 정책 때문이다.

* "공인(公人)은 없다", 〈중앙일보〉, 2021.4.26, https://news.joins.com/article/24043349.

Issue 4
음원 사재기 문제

:: 이현민 평론가의 Talk

음원 사재기, 무엇이 문제인가?

음원 사재기는 엔터업계의 공공연한 비밀로 여겨진다. 누구에 의해 어떤 가수의 어떠한 곡이 사재기 되고 있는지 정확히 확인할 수는 없지만, 그 실체는 분명히 존재한다. 예를 들어, 이름도 생소한 신인 혹은 차트 순위권 저 멀리에 있던 노래가 갑자기 음원 순위 1위를 한다. 물론 그런 경우의 수도 있을 수 있지만, 논란의 곡들은 그야말로 급작스럽다. 음원 수익은 유통사(음원서비스사) 40%, 음반 제작사 44%, 작사 · 작곡 · 편곡자 10%, 가수 · 연주자 6%로 수익을 나누어 갖는 구조다. 따라서 얼마나 많이 스트리밍되느냐에 따라 이익 집단이 가져가는 수익이 크게 달라지니, 음원 순위에 사활을 거는 것은 어쩌면 당연한 일일지도 모른다.

가수들 입장에서는 음원 수익도 수익이지만, 가수의 인지도와 인기의 척도가 음원 순위와 직결되다 보니, 음원 순위에 당연히 민감할

국내 음원 플랫폼

수밖에 없다. 이러한 상황에서 음원 사재기가 공공연하게 이루어지고 있으니, 정직하게 음악을 하는 가수들에게 이는 얼마나 억울하고 화나는 상황이겠는가?

실제로 음원 사재기의 실체가 몇몇 가수에 의해 폭로되었다. 그룹 엠블랙의 멤버 미르는 자신의 유튜브 채널에서 음원 사재기를 제안받은 적이 있다고 털어놓았고, 가수 이승환은 유명 브로커가 억대 돈을 요구하며 음원 1위 만들기를 제안했지만 거절했다고 밝혔다. 성시경 역시 라디오에서 사재기를 언급하며 논란에 불을 지폈다. 상황이 이러한데 무명 가수들에게 달콤한 유혹이 뻗치기는 더욱 쉬울 것이다. 무명 가수들은 브로커의 제안을 받아들여 적게는 수천만 원에서 많게는 수억 원의 돈을 들여 가짜 1위로 인지도를 높이고 있다.

블락비의 박경은 음원 사재기 가수로 추정되는 6인의 실명을 거론하며 음원 사재기 논쟁을 촉발했다. 박경은 공공연한 비밀을 폭로한 내부고발자처럼 비추어졌는데, 사실 아이돌 가수로서 또 후배 가수로서 큰 결심이 없었다면 불가능했을 행보다. 물론 특정 가수의 실명을 언급함으로써 수십 건의 고소고발 사태가 시작된 것은 사실이다. 하지만 음원 사재기 문제가 부패한 음원 시장의 고질적 문제점이라면 이를 해결하는 것이 급선무라는 게 업계의 반응이다.

문화체육관광부는 2013년 음원 사재기 근절 대책을 발표했다. 2018년에는 음원 사재기에 대해 실제 조사에 착수했지만, 해당 음원에 대한 자료들이 제한적이기 때문에 사재기의 실체 여부를 판단하기 어렵다는 무책임한 답변을 내놓으며 사태를 방관했다. 2019년에는 총예산 6억 원의 '공정한 음원 유통환경 조성 지원'에 대한 사업을 신설했지만, 턱없이 부족한 예산에 성과는커녕 변죽만 울리고 있는 실정이다. 오히려 문체부가 나설수록 근절은커녕 음원 사재기가 더욱 두드러지게 나타나고 있는 모양새다.

실제로 브로커들의 입에서 새어나온 음원 사재기의 실체는 가히 충격적이다. 중국 IP주소를 기반으로 한 업체가 '음원 공장'이라 이름 붙여진 곳에서 수백 대의 휴대폰으로 소위 매크로 형식으로 특정 가수의 음악을 스트리밍하는 것이다. 사재기 의혹 초반까지만 해도 새벽 시간대를 활용하여 우선 음원을 1위로 만들고, 이를 통해 대중의 군중 심리를 이용하여 1위 굳히기를 하는 형태로 음원 사재기를 했다. 하지만 최근 들어서는 '바이럴 마케팅'이라는 명명하에 유튜브를 활용한 커버곡으로 특정 음악을 선정하는 등 소위 근거 자료를 만들어 자연스러운 모양새로 음원 사재기에 들어간다. 혹여 음원 사재기에 대한 논란이 발생하면, 유튜브 커버곡이 큰 인기를 모은 것이라고 항변하는 식이다.

박경이 쏘아 올린 작은 공으로 가요계는 크게 요동쳤다. 모두 알고는 있지만, 누구 하나 대놓고 발설할 수 없었던 진실을 눈앞에서 목도할 수 있을지 귀추가 주목된다. 바이브 측은 박경의 사재기 발언에 법적 대응에 나섰다. 우선은 명예훼손이다. 특히 SNS를 활용해서 확인되지 않은 사실을 유포하고 이를 사실인 것처럼 명시했는데, 이에 대해 박경에게 벌금 500만 원의 약식명령이 내려졌다. 「정보통신망법」 위반의 명예훼손이 인정된 것이다. 약식명령으로 명예훼손에 대한 죗값은 치르게 되었지만, 박경의 말이 진실인지 아닌지는 아직 법적으로 판가름 나지 않았다. 박경뿐만 아니라 다수의 음악 관계자와 대중은 투명하고 공정한 음원 시장 확립에 한 걸음 다가갈 수 있기를 소망한다. 하지만 이를 위한 발걸음은 매우 더딜 것으로 보인다. 이후에도 트로트 가수 영탁의 음원 사재기 사건이 사실로 드러나는 등 음원 사재기의 고질적인 병폐가 꾸준히 수면 위로 떠오르고 있기 때문이다. 영탁의 소속사 대표는 이미 음원 사재기를 스스로 인정하고 나섰고, 이를 마케팅했던 업자 역시 사실을 인정하면서 음원 사재기의 실체가 더욱 확실하게 드러나고 있는 실정이다.*

그동안 음원 사재기가 공공연하게 판치고 있었는데, 이를 근절하기 위해 가요계와 음원 사이트의 자정 노력과 양심에만 맡겨왔지만 실체는 분명히 존재한다. 뿌리 깊게 이어지고 있는 부정과 부패가 음원 시장 전체를 갉아먹고 있다. 결국 이 문제를 촉발하는 근본적인 시스템이 변화되어야 한다. 그뿐만 아니라 문체부의 노력도 중요하다.

* 김소정, "영탁 소속사 대표, '니가 왜 거기서 나와' 사재기 인정 … "이성 잃었다"", 『조선일보』, 2021.11.4.

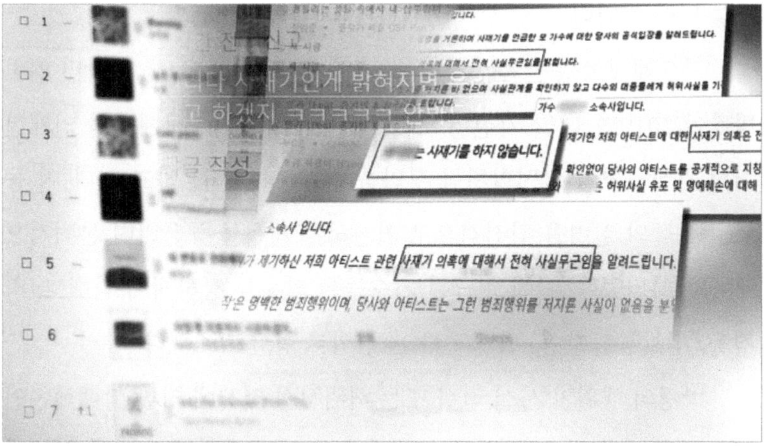

음원 사재기 논란 관련 소속사 입장(출처: 연합뉴스)

정부는 문제에 대해서는 적극 개입하고, 예산을 편성하여 더욱 현실적인 대안을 마련해야 할 것이다. 세계로 뻗어간 K-pop이 그 위상을 지키려면, 국내 음원 생태계가 건강하게 유지되어야 한다. 음원 시장에도 공익제보 시스템을 발동시켜 고발을 장려하고, 이를 적발할 수 있는 기구를 만드는 정부 차원의 노력이 필요한 시점이다.

:: 김민정 변호사의 Talk

대중음악계 검은손의 실체를 밝혀라

음원 차트의 하루 100위권 진입은 8,800만 원, 50위권은 2억 5,000만 원… 가요계의 '검은손'이라 불리는 음원 사재기 문제는 어제

오늘 일이 아니다.

가요계에 소문만 무성하던 음원 사재기 논란은 그룹 블락비 멤버 박경이 2019년 11월 자신의 SNS에 "바이브처럼 송하예처럼 임재현처럼 전상근처럼 장덕철처럼 황인욱처럼 사재기 좀 하고 싶다"며 동료 가수들의 실명을 직접적으로 거론하는 게시물을 올리며 본격적으로 공론화되었다. 이에 언급된 가수들은 의혹을 강하게 부인했고, 박경을 「정보통신망법」 위반(명예훼손) 혐의로 형사 고소했다.

박경의 행위가 사실 적시 또는 허위사실 적시에 의한 명예훼손인지를 파악하려면, 우선 수사 기관이 음원 사재기의 실체 여부를 파악해야 하기 때문에 가요계는 이를 계기로 유령과도 같던 음원 사재기의 실체가 드러나지 않을까 내심 기대하고 있었다. 그러나 업계의 기대와 달리 박경은 약식명령으로 500만 원의 벌금형을 받는 것으로 결

정보통신망 이용촉진 및 정보보호 등에 관한 법률

제70조(벌칙)

① 사람을 비방할 목적으로 정보통신망을 통하여 공공연하게 사실을 드러내어 다른 사람의 명예를 훼손한 자는 3년 이하의 징역 또는 3천만 원 이하의 벌금에 처한다.

② 사람을 비방할 목적으로 정보통신망을 통하여 공공연하게 거짓의 사실을 드러내어 다른 사람의 명예를 훼손한 자는 7년 이하의 징역, 10년 이하의 자격정지 또는 5천만원 이하의 벌금에 처한다.

③ 제1항과 제2항의 죄는 피해자가 구체적으로 밝힌 의사에 반하여 공소를 제기할 수 없다.

론이 났을 뿐 이러한 판단의 구체적인 이유가 무엇인지, 박경이 작성한 내용이 모두 허위 사실로 인정되었는지 여부 등에 대해서는 전혀 알려지지 않은 채로 상황이 일단락되었다.

음악산업진흥에 관한 법률

제26조(음반등의 유통질서 확립 및 지원)

① 제2조제8호부터 제11호까지의 규정에 따른 영업을 영위하는 자 또는 음반등의 「저작권법」에 따른 저작자 및 저작인접권자(이하 "음반·음악영상물관련업자등"이라 한다)는 다음 각 호의 행위를 하여서는 아니 된다.

1. 음반·음악영상물관련업자등이 제작·수입 또는 유통하는 음반등의 판매량을 올릴 목적으로 해당 음반등을 부당하게 구입하거나 관련된 자로 하여금 부당하게 구입하게 하는 행위
2. 음반·음악영상물관련업자등이 제1호의 행위를 하는 사실을 알면서도 해당 음반등의 판매량을 공개적으로 발표하는 행위
3. 그 밖에 음반등의 건전한 유통질서를 방해하는 행위로 문화체육관광부령으로 정하는 사항

⋮

제34조(벌칙)

③ 다음 각 호의 어느 하나에 해당하는 자는 2년 이하의 징역 또는 2천만원 이하의 벌금에 처한다.

2의2. 제26조제1항을 위반하여 금지행위를 한 자 또는 같은 조 제3항에 따른 명령을 이행하지 아니한 자

「정보통신망법」 위반(명예훼손), 즉 인터넷 명예훼손은 ① 사람을 비방할 목적으로 ② 사실 또는 허위사실을 적시했을 때 성립하는 죄로, 박경의 행위가 명예훼손으로 인정되었다고 해서 곧 박경이 게시한 글의 내용이 모두 허위사실이라고 결론을 내릴 수는 없다. 사실을 적시했을 때도 명예훼손은 성립할 수 있기 때문이다. 명확히 확인되지 않은 의혹 단계에서 실명을 언급하면서까지 동료들에게 피해를 준 박경의 행동은 다소 경솔했지만, 소문만 무성했던 의혹을 수면 위로 끌어올려 공론화시킨 데 한몫을 한 것은 분명해 보인다.

현행법상으로 음원 사재기는 「음악산업진흥에 관한 법률」 제26조 제1항에 위배되는 행위로, 2년 이하의 징역 또는 2천만 원 이하의 벌금에 처하게 되는 명백한 범죄행위다.

이렇듯 음원 사재기는 법에서 명시적으로 금지하고 있는 행위이며 버젓이 처벌 규정도 있는데, 지금까지 실제 처벌로 이어진 사례는 전무하고 문제는 좀처럼 해결될 실마리조차 보이지 않는다. 왜일까?

가장 큰 이유는 음원을 '부당하게' 구입한 것을 입증하기 어렵기 때문이다. 누가 어떤 목적으로 어떻게 음원을 구입했는지, 불법성이 있는지 등을 입증할 증거를 수집하기 위해서는 강제수사를 해야 하고, 그러기 위해서는 수사의 단서가 있어야 하는데, 현행법상 문체부나 지자체에는 이를 확보할 실효적인 수단이 없는 상황이다.

문체부와 시·도지사에게는 음반 관련 업자들에게 관계 자료를 제출하도록 요구할 수 있는 '자료제출 요구권'* 이 있을 뿐 현장을 조사할 수 있는 등의 권한은 없다. 그렇기 때문에 관련 업자들은 자료 제

* 「음악산업진흥에 관한 법률」 제26조 제3항

출 요구에도 당연히 한정된 자료만을 제출하게 될 것이고, 이러한 제한된 자료만으로는 부당성을 입증하거나 수사 의뢰를 하기가 사실상 불가능하다. 2018년 음원 사재기 의혹에 휩싸였던 가수 닐로와 숀의 소속사가 문체부에 음원 사재기 의혹 진상조사를 해달라고 진정서를 냈을 때도 문체부는 "데이터 분석으로는 사재기 여부를 판단하기 쉽지 않고, 행정기관이 음원에 관해 조사하는 데엔 한계가 있다"며 사재기 여부를 판단하기 어렵다는 결론을 냈다.

정부는 2020년 3월 "음원 사재기 근절을 위해 경찰청과 공동으로 사재기 판단 기준과 제재 방안을 마련하겠다"라는 업무계획을 발표하면서 5월까지 음원 사재기의 판단 기준, 제재조치 등의 기준마련

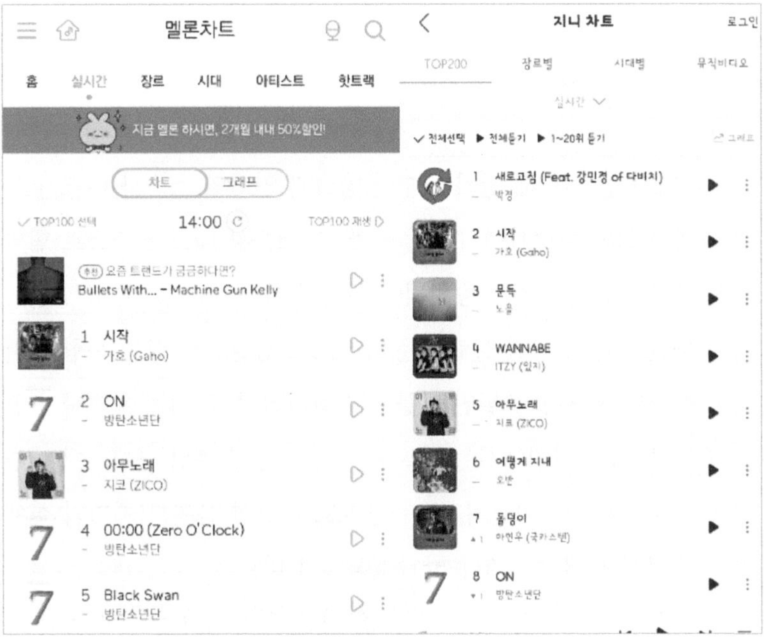

멜론과 지니뮤직 앱 실시간 차트(출처: 각 사 어플의 차트 화면)

을 위한 정부 차원의 연구(「음원 사재기 이슈 대응 매뉴얼 제작 연구」) 결과를 발표해 이를 토대로 사재기 의혹에 대한 구체적인 대응 매뉴얼을 만들겠다는 그럴듯한 계획을 밝혔으나, 어찌된 일인지 진행 여부에 대해서는 아직도 감감무소식이다.

그렇다면 이제 수사 기관의 강제수사를 기대할 수밖에 없는데, 음원 사재기라는 것이 논란은 크지만 형량이 최대 2년 이하의 징역, 2천만 원 이하 벌금형으로 그리 높지 않다 보니 수사당국은 지금까지 이 문제를 '잡범' 수준으로 치부해왔다. 검찰의 압수수색이나 국세청 세무조사 등 크게 움직일 명분이 없는 문제라고 여겼던 것이다. 더구나 업계 관계자들에 따르면 사재기는 값싼 스마트폰 수백 대에 불법 매크로 프로그램을 돌려 온종일 음원 하나를 재생시키는 형태로 이루어지는데, 소위 '공장'으로 불리는 그 장소가 조그만 사무실이고 중국에 있는 경우도 많기 때문에 보이스피싱 업체보다 더 찾기 어렵다고 한다.

그러던 중 지난해 인기 가수인 영탁과 영탁의 소속사 대표가 음원 사재기 혐의로 경찰에 고발을 당했고, 소속사 대표가 스스로 혐의를 인정해 사건이 검찰로 송치되어 현재 수사를 받고 있다. 영탁은 이러한 사실에 대해 전혀 몰랐다는 입장으로 경찰에서 일단 무혐의 처분을 받기는 했으나, 고발인의 불송치 이의신청 후 현재 재수사가 진행 중이다. 이번 사건에서는 면밀한 수사를 통해 음원 사재기에 대한 최초의 처벌이 이루어질지, 또 유령과도 같았던 음원 사재기의 실체가 상당 부분 드러날 수 있을지 주목되고 있다.

이렇듯 사후 처벌 문제도 중요하지만, 업계에서는 결국 음원 사이트 순위가 수익의 중요한 토대인 구조에서는 사재기 문제가 절대 사라지지 않을 것이라는 데 이견이 없는 듯하다. 이러한 분위기를 파악한 멜론, 플로, 바이브 등 각종 음원 사이트들도 박경 사건 직후에는 '음원 사재기', '차트 조작' 논란의 고리를 끊는 데 나서서 실시간 차트를 폐지하거나 차트 개편을 단행하기도 했다. 그러나 이들도 점유율과 이용자 수 하락에는 다른 방도가 없는지, 멜론의 경우 지난해 8월 1시간 이용량과 24시간 이용량을 50 대 50의 비중으로 합산한 TOP100 차트로 재개편했는데, 이는 사실상 실시간 차트를 다시 내놓은 것과 다름없다는 해석이다.

대중음악인들과 수많은 팬은 하루빨리 음원 사재기의 실체를 밝혀 더 이상의 수혜자도 피해자도 나오지 않기만을 고대하고 있다. 이제라도 정부와 수사 기관의 적극적인 공조를 통해 처벌을 강화하고, 체계적인 대응과 예방을 위한 시스템을 정비하는 일에 한시가 급하다.

Issue 5
성희롱과 여혐 논란

:: 이현민 평론가의 Talk

기안84 사태, 예술의 사회적 역할과 그 잣대

아도르노는 예술이 사회와 일정한 거리를 두고 사회에 대한 비판적 기능을 수행하면서도 사회 비판을 위한 도구 자체로 쓰여서는 안 된다고 주장했다. 즉 예술의 무기능성을 강조하며 사회적 비판 기능은 견지하되, 그것이 예술의 목적이 되어서는 안 됨을 강조했다. 사회적 의미를 담아야 하는 예술에는 동의하지만, 예술의 기능 자체가 사회를 비판하기 위함은 아니라는 것이다. 그는 예술을 대중문화와는 별개의 고고하고 품격을 갖춘 것으로 여기며 현존성과 유일무이성을 예술의 주요 가치로 평가했다. 그는 매체를 활용한 대중문화는 '관리되는 사회' 속, 수없이 복제 가능한 산업화의 부산물에 불과하며 저급하고 미개한 것으로 취급했다. 하지만 아도르노가 활동하던 20세기의 예술은 대중문화가 태동하던 시기이자, 대중문화의 역할 등에 대한 논쟁이 활발하던 시기로 현재의 대중문화에 대한 시각과는 큰 차이를 보인다.

대중문화가 만들어내는 예술도 이제는 하나의 예술로 인정받는 현시대에 아도르노의 시각은 고루하고 정체된 시각이라 평가받는다. 하지만 예술과 사회의 관계성에 대한 논의와 그의 시각은 과거부터 현재까지 꾸준히 논쟁의 중심이며, 예술을 사회적 해석과는 독립된 예술 그 자체로 받아들여야 하는지, 아니면 사회와 예술의 깊은 관계성을 바탕으로 예술은 사회의 직접적 반영으로 해석해야 하는지 아도르노의 논지를 새삼 곱씹어보게 되는 요즘이다.

기안84의 웹툰은 대중예술의 정점으로 이해할 수 있다. 만화, 심지어 펜과 종이도 아닌, 컴퓨터로 그리는 만화, 수많은 대중에게 동시에 공개되는 그림과 스토리, 작품에 대한 평가 역시 댓글 등으로 즉각적으로 반영된다. 하지만 그림을 그리는 작가가 자신의 철학, 자신의 미학을 캔버스가 아닌 컴퓨터라는 도구를 통해 표현하는 웹툰을 단지 전통적 의미의 예술이 아니라고 해서 "웹툰은 예술이 아니다"라고 말할 수 없다. 따라서 예술을 하는 기안84는 어떻게 그의 사회적 인식과 미학을 작품 속에 그려내고 있고, 대중은 이를 어떻게 평가해야 타당한지가 기안84 논란의 핵심이라 할 수 있겠다.

기안84는 현재를 대표하는 한 명의 예술가인데, 그가 그려내는 예술이 사회를 어떻게 반영하고 있는지, 또 이를 바라보는 시각은 어떠해야 하는지, 그의 예술을 비판을 넘어 비난하는 것이 맞는지에 대한 논란이 2021년 상반기를 뜨겁게 달구었다. 일명 '조개 웹툰 사태'나 '달님 사태'로 불거진 사회에 대한 우회적 풍자는 수백 년간 이어온 사회와 예술의 관계성에 대한 논의의 연장으로도 이해할 수 있다. 기

논란이 된 기안84 웹툰 〈복학왕〉의 304화 장면

안84는 한 명의 예술가로서 자신의 사회적 관점과 철학, 세계에 대한 미학을 웹툰이라는 예술을 통해 표현해냈다. 그의 웹툰은 '우기명'이라는 한 인물의 성장사를 담고 있는데, 우기명을 우리 사회를 살아가는 소시민으로 그려낸 만큼 우기명의 말과 행동은 대한민국의 사회상을 담을 수밖에 없다. 기안84 웹툰이 오직 사회를 비판하기 위해 그려진 것이라면 오히려 예술 본연의 역할을 상실한 것으로 평가할 수 있다. 하지만 웹툰의 스토리 전개에서 그의 사회적 관점이나 문제의식이 자연스럽게 표현된 것이라면, 이는 너무나도 당연한 한 예술가의 미학적 표현으로 이해해야 할 것이다.

그렇다면 그의 사회관이 포함된 예술에 대한 독자들의 무분별한 비난, 이를 넘어 내용을 수정하고, 이에 대해 대국민 사과를 해야 한다는 주장은 타당한가? 웹툰은 현시대 대중예술의 정점으로 평가받고 있다. 웹툰을 기반으로 한 영화, 드라마들이 쏟아져나오고 있고, 웹툰이 하나의 원소스(one source)로 각광받고 있다. 참신한 그림과 스토리를 기반으로 많은 대중의 인기를 얻고 있으며, 웹툰 작가는 웹툰을 통해 자신의 미학적 가치와 예술성을 표현해내고 있다. 하나의 예술로서 손색이 없는 웹툰과 웹툰 작가에 대해 만화가 무슨 예술이냐는 식의 비난, 이를 넘어 작품의 내용에 대한 무분별한 비난과 검열, 검열을 넘어선 수정 요구 등은 예술 자체에 대한 모독으로밖에 보이지 않는다. 어떠한 방식으로든 예술은 예술로서 기능하고, 사회에서 자신의 위치를 명확히 검증해오고 있다. 세계관 또는 예술관이라는 이름으로 표현되고 있는 수많은 작가의 관점과 시각이 대중의 평가에 의해 재단되고 수정된다면 이는 예술과 작가주의 전체에 대한 반기로 이해해야 할 것이다. 작가주의는 대중예술의 시대뿐만 아니라 전통예술의 시대에도 똑같이 적용된 예술만의 고유한 영역이고 이에 대한 무분별한 비난은 사회적으로 통용되어야 할 약속에 대한 위반이다. 물론 예술이라는 미명하에 표현되는 패륜적 내용, 청소년에게 유해한 콘텐츠에 대한 검열과 사회적 제재는 반드시 필요하다. 하지만 내 생각과 다르다고, 내 의견과 배치된다고 모든 예술에 검열의 잣대를 들이대는 것은 예술의 사회적 기능과 역할을 이해하지 못한 무지에서 비롯된 것이며, 예술이 예술로서 살아 숨 쉴 수 없게 만드는 족쇄가 되고 있다.

:: 김민정 변호사의 Talk

박나래의 성희롱과 기안84의 여혐 논란, 판단은 법원이 아닌 대중이

예능인으로 최고의 주가를 올리고 있던 박나래가 유튜브에서 남자 인형으로 성희롱을 했다는 논란에 휩싸였다. 해당 웹 예능은 폐지되었고 박나래는 사과했지만, 논란은 가라앉지 않았다. 급기야 네티즌들은 국민신문고에 민원을 제기했고 경찰에 고발장을 제출해 수사가 시작됐다.

박나래의 혐의는 「정보통신망법」 위반(불법정보 유통)이었는데, 「정보통신망법」에서는 '음란한' 화상 또는 영상 등 불법정보의 유통을 금지하고 있고(제44조의7 제1항 제1호), 이를 위반하면 1년 이하의 징역 또는 1천만 원 이하의 벌금에 처하도록 하고 있다(제74조 제1항 제2호).

수사의 쟁점은 해당 콘텐츠가 과연 '음란한' 영상에 해당하는지 여부였는데, 기존에 '음란'을 "일반적인 사람을 기준으로 성적 흥분을 유발하고 성적 수치심을 해하는 것"이라고 정의한 판례들*에 따르면, 인형의 성기를 가지고 장난을 치는 영상은 일반적인 남성에게 충분히 성적 수치심을 느끼게 할 수 있을 것으로 보여 처벌 가능성이 예견되기도 했다.

그러나 경찰은 또 다른 대법원 판례를 이유로 혐의없음 결정을 내렸는데, 남녀 성기나 음모의 직접적인 노출이 없는 장면에 대해서는 "상당히 저속하고 문란한 느낌을 주는 것은 사실이라고 할지라도

---

* 대법원 2017.10.26. 선고 2012도13352 판결 등

정보통신망법

제44조의7(불법정보의 유통금지 등)

① 누구든지 정보통신망을 통하여 다음 각 호의 어느 하나에 해당하는 정보를 유통하여서는 아니 된다.

1. 음란한 부호 · 문언 · 음향 · 화상 또는 영상을 배포 · 판매 · 임대하거나 공공연하게 전시하는 내용의 정보

대법원 2008.4.11. 선고 2008도254 판결,
대법원 2008.3.13. 선고 2006도3558 판결

'음란'이라 함은 사회통념상 일반 보통인의 성욕을 자극하여 성적 흥분을 유발하고 정상적인 성적 수치심을 해하여 성적 도의관념에 반하는 것으로서 표현물을 전체적으로 관찰 · 평가해볼 때 단순히 저속하다거나 문란한 느낌을 준다는 정도를 넘어서서 존중 · 보호되어야 할 인격을 갖춘 존재인 사람의 존엄성과 가치를 심각하게 훼손 · 왜곡하였다고 평가할 수 있을 정도로, 노골적인 방법에 의하여 성적 부위나 행위를 적나라하게 표현 또는 묘사한 것으로서, 사회통념에 비추어 전적으로 또는 지배적으로 성적 흥미에만 호소하고 하등의 문학적 · 예술적 · 사상적 · 과학적 · 의학적 · 교육적 가치를 지니지 아니하는 것을 뜻한다고 볼 것이고, 표현물의 음란 여부를 판단함에 있어서는 표현물 제작자의 주관적 의도가 아니라 그 사회의 평균인의 입장에서 그 시대의 건전한 사회통념에 따라 객관적이고 규범적으로 평가하여야 한다.

박나래 유튜브 '헤이 나래'의 영상에서 문제가 된 장면(출처: 유튜브 화면 캡처)

이를 넘어서서 형사법상 규제의 대상으로 삼을 만큼 사람의 존엄성과 가치를 심각하게 훼손·왜곡했다고 평가할 수 있을 정도로, 노골적인 방법에 의하여 성적 부위나 행위를 적나라하게 표현 또는 묘사한 것이라고 단정할 수는 없다"고 본 것이다.

이렇듯 경찰은 '음란'에 대해 엄격한 입장을 취하고 있는 판례를 근거로 박나래의 행위는 형사처벌 대상이 아니라는 결론을 내렸다. 그러나 성범죄에서 가장 중요한 판단 기준인 '상대방, 즉 피해자가 해당 말이나 행동으로 인해 불쾌감이나 수치심을 느꼈는지 여부', 그에 더해 유명 인기인으로서 가져야 하는 도덕적인 책임을 잣대로 본다면 박나래의 행위는 비판의 대상이 아닐 수 없다.

한편 박나래 사건이 불거질 때쯤, 공교롭게 〈나 혼자 산다〉에 동시에 출연하고 있는 기안84의 여혐 논란이 동시에 회자되며 젠더 논쟁의 장이 벌어지기도 했다. 기안84는 자신이 그리는 웹툰에서 여성 인턴이 정규직을 얻기 위해 남성 상사와의 성관계를 이용한다고 암시했다가 '여혐(여성 혐오)'이라는 질타를 받았고, 해당 웹툰의 연재를 중지하라는 청와대 국민청원에 10만 명 이상이 동의했다.

위 두 사건에는 성차별, 젠더 갈등, 표현의 자유 등 여러 민감한 사회적 쟁점이 있고, 이에 대한 대중의 의견 역시 첨예하게 대립하기도 했다. 그러나 이보다 먼저 논의되고 해결해야 할 것은 좀 더 원칙적이고 가치중립적인 문제인 '성범죄와 성희롱 문화의 근절'이다. 누구의 권리가 우선인가, 차별인가 아닌가의 문제보다는 옳고 그름, 적법과 위법의 문제가 우선이다. 여기에는 남녀의 기준이 다르지 않고, 오직 '상대방이 원하지 않는 말과 행동으로 성적 굴욕감, 수치심을 주는 것인가'라는 동등한 잣대로 판단해야 한다.

유교 문화의 영향으로 인한 남존여비의 관행은 아직도 우리 사회 곳곳에 흔적을 남기고 있고, N번방 사건, 연이어 터진 정치인들의 권력형 성범죄 등 여성을 대상으로 한 성범죄는 끊이지 않고 있다. 또 한편으로는 과거에 비해 여성의 사회적 지위와 권리가 신장되어 남성들 역시 성범죄, 성희롱의 피해자가 되는 사례가 증가하며 정신적 고통을 호소하고 있다.*

「성폭력범죄의 처벌 등에 관한 특례법」, 「국가인권위원회법」, 「남녀고용평등과 일 · 가정 양립지원에 관한 법률」, 「양성평등기본법」 등 법의 테두리가 마련되어 있으나 그리 오래되지 않았고, 실제 처벌 수위가 높아져 효과를 발휘하고 있는 것을 불과 최근의 일이다.

* 2005년 41명에 불과하던 여성 성폭력 가해자는 2016년 처음으로 500명을 넘어선 이래 2017년 829명, 2018년 972명, 2019년 1,154명으로 증가일로에 있다. 2018년 한국노동연구원 조사에서도 남성들의 성희롱 피해가 심각한 수준으로 드러났다. 피해를 당해 주변에 상담한 적 있다는 남성이 무려 13.1%로, 17.5%를 기록한 여성과 큰 차이가 나지 않았다.

늦었지만 직장 내 성희롱 관련 의무교육 실시 등으로 사회적 경각심이 확산되고 있는 것은 그나마 다행이다. 이제 회식 자리에서 여직원에게 술 따르라고 했다가는 다음날 고소를 당할 수도 있다는 것은 대부분 직장인이 알고 있다.

이러한 민감한 사회적 분위기 속에 유명 연예인들의 경솔한 행동은 충분히 비판을 받을 만하다. 박나래는 2019년 연예대상을 수상한 대표적인 방송인이다. 기안84 역시 그저 웹툰 작가에 불과하다면 예술가로서의 표현의 자유를 마음껏 누리는 데 할 말이 없겠지만, 인기 예능 프로그램에 5년 이상 출연하고 있는 방송인이기에 공인으로서의 책임을 회피할 수 없다. 물의를 일으킨 이들에 대한 시청자의 하차 요구를 무시하고 출연을 강행한 〈나 혼자 산다〉 제작진 역시 시청률 하락을 통해 싸늘해진 대중의 시선을 체감하고 있을 것이다.

〈뉴욕타임스(NYT)〉는 "박나래의 행동은 서구 코미디 기준으로 볼 때 모욕적이라 보기 어렵지만, 한국에서는 큰 스캔들이 되었다"고 보도하며, 동시에 "한국에는 뿌리 깊은 성차별주의가 자리 잡고 있다"며 승리와 정준영의 버닝썬 사건, 박원순 전 서울시장의 성추행 사건 등 대중에게 알려진 성 추문 사례들을 소개하기도 했다.*

위 보도처럼 미드와 시트콤에서 난무하는 수많은 성적 대사는 대수롭지 않게 느껴지는 데 반해 기안84의 조개 부수는 만화 주인공이 '여혐'으로 비치는 이유는 오랜 피해의식 때문일까, 문화의 차이 때문일까. 어쨌든 '성'에 관해 솔직한 대화가 오가고 건전한 농담으로 주고

* "뉴욕타임즈, 박나래의 성희롱 논란에 '서구에선 모욕 아냐'", 〈YTN〉, 2021.5.15, https://www.ytn.co.kr/_ln/0106_202105151535012179.

받기에 아직 우리 사회 속 성범죄의 깊은 상처는 회복되지 않았고, 지금도 진행 중이다.

Issue 6
할리우드의 인종차별 문제

:: 이현민 평론가의 Talk

아카데미는 과연 공정할까?: 탈오리엔탈리즘의 본질

넷플릭스 오리지널 시리즈 〈오, 할리우드〉는 1940년대 후반 할리우드의 황금기를 시대 배경으로 하고 있다. 가공의 인물들이 전체 이야기를 이끌어가고 있지만, 극중 실존 인물이 삽입되기도 하고, 당시의 사회적 이슈들을 새롭게 각색하는 등 극의 사실감을 높였다. 1940년대 할리우드에서 편견에 맞서 싸우는 소수 인권자의 이야기를 다루고 있는데, 드라마가 시사하는 바는 크다.

사실 최근 넷플릭스 오리지널 시리즈물의 추세 중 하나로 꼽히는 것이 LGBT 소수 인권자를 주인공으로 하거나 그들의 입장을 대변하는 이야기가 많아지고 있다는 것이다. OTT 매체의 특성에 맞게 방송에서 다루는 내용보다 제한 없는 이야기와 소재가 세계 각국 시청자의 눈길을 사로잡는다. 〈오, 할리우드〉에서 가장 중심을 이루는 스토리는 흑인 성소수자 남성과 흑인 여성의 영화 제작 과정과 성공인데,

특히 흑인 인권이 바닥이던 시절 그들의 인간 승리를 담고 있다는 점에서 매우 흥미롭다. 1940년대 후반 백인의 시각에서 당연시 여겨졌던 흑인에 대한 차별이 현재의 관점에서 다시 쓰인 것으로, 현재 할리우드에 부는 변화의 물결, 변화의 의지가 반영된 결과물로도 볼 수 있다. 현재적 관점에서 도무지 이해하기 힘든 흑인에 대한 인권 탄압과 이를 겪어내고 싸우는 그들의 모습을 통해 변화하고 있는 할리우드, 더욱 변화해야 할 할리우드에 대해 이야기하고 있다.

〈오, 할리우드〉는 결국 해피엔딩을 맞이한다. 영화 〈멕(Meg)〉이 대대적인 성공을 거두면서 〈멕〉의 작가 흑인 성소수자 남성 아치는 아카데미 각본상을 수상하고, 여주인공 카밀은 아카데미 여우주연상을 차지한다. 아치는 수상소감에서 아카데미가 자신을 선택했다는 것은

넷플릭스 오리지널 시리즈 〈오, 할리우드〉의 포스터와 한 장면(출처: 넷플릭스)

"자신과 같은 사람들(소수자)의 이야기를 들어줄 사람이 많다는 것을 의미한다"고 밝혔고, 카밀은 자신이 이 상을 받음으로써 "목표에 한계가 있다는 말을 들을 일이 없다는 것을 의미한다"고 수상소감을 내비쳤다. '아카데미'가 자신들을 선택했기 때문에 이제 모든 것은 달라질 것이라 믿음에서 나온 수상소감이었다.

1940년대부터 2000년대까지 수십 년의 세월이 지났지만, 아치와 카밀의 믿음이 정말로 실현되었는지는 의문이다. 그 후로 오랜 세월이 흘렀지만, 할리우드와 아카데미는 크게 변하지 않았기 때문이다. 여전히 백인 중심의 영화 제작이 다수를 차지하고, 아카데미 시상식은 백인만의 파티로 인식되고 있다. 물론 시간이 지날수록 소수자 인권은 많이 신장되었지만, 할리우드가 유색인종을 대하는 방식, 소수자 인권을 다루는 방식, 아카데미의 작품과 수상자를 선정하는 방식 등에는 변화를 감지하기 힘들었던 게 사실이다. 그럼에도 변화를 향한 목소리는 꾸준히 터져나왔고, 이에 현재의 할리우드는 다양한 변화의 요구에 서서히 발을 맞춰나가기 시작했다.

특히 할리우드와 미국 사회에 부는 탈(脫)오리엔탈리즘 바람은 그 어느 때보다 거세다. 서양인의 우월성을 바탕으로 한 동양문화에 대한 동경과 향유를 나타내는 오리엔탈리즘은 에드워드 사이드(E. Said)에 의해 처음 제기되었다. 동양문화에 대한 갈망과 호기심이 결국은 서양문화가 동양문화보다 상당히 우월하다는 제국주의 관점에서 비롯되었다는 그의 문제 제기는 동서양 문화에 대한 인식 전환의 계기가 되었다. 이에 따라 우월성의 문제가 아닌, 서로의 문화에 대한 존중과 호기심, 인정의 필요성이 다시금 제기되면서 미국에는 오히려 탈오리엔탈리즘 바람이 거세게 불고 있다. 어쨌든 각 문화에 대한 평등의식과 존중만이 문화를 더욱 다양화시키고 발전시킬 수 있다는 전제하에 할리우드를 비롯하여 미국 사회가 탈오리엔탈리즘을 넘어 이국 문화에 대한 수용과 향유 등 새로운 변화를 맞이하고 있다.

우선 할리우드는 소수자로 간주하던 사람들의 이야기 혹은 그들을 주인공으로 하는 영화의 비중을 대폭 늘리고 있다. 〈인어공주〉 실사판의 여주인공으로 발탁된 흑인 여성, 마블 시리즈의 동양인 히어로들의 등장, 비영어권 영화들에 대한 활발한 투자와 지원 등의 변화들이다. 최근 탈오리엔탈리즘에 대한 변화의 바람은 한국 콘텐츠의 해외 진출 성공과도 맞물려 우리에게는 피부로 와닿는 K-콘텐츠 전성시대를 실감케 하고 있다.

2019년부터 시작된 K-콘텐츠 바람은 〈오징어 게임〉의 성공으로 그 정점을 맞이했다. 방탄소년단이 미국 빌보드에 진출해서 빌보드 싱글차트에서 수주 연속 1위를 하고, 미국인의 전유물로 여겨지던 아카데미 시상식에서 〈기생충〉이 작품상 등 5개 부문에서 수상했고, 더 나아가 최근에는 OTT 드라마 〈오징어 게임〉이 전 세계 90개국 스트리밍 1위를 석권했다. 일각에서는 명실상부 'K-콘텐츠의 저력', '한국 콘텐츠의 승리', '한국 콘텐츠의 위상' 등으로 자화자찬하고 있지만, 이를 단순하게 우리 콘텐츠의 저력이라고 단정 지을 수만은 없다. 미국 · 유럽 시장에 불고 있는 변화의 바람이 우리 콘텐츠와 만나 더 큰 시너지 효과를 내고 있는 것은 분명하다.

비영어권 콘텐츠에 대한 관심이 OTT 매체와 함께 더욱 가속화되었고, 해외의 드라마를 손쉽게 즐길 수 있는 시스템이 큰 몫을 했다.

제92회 아카데미 시상식에서 4관왕에 오르며 '화이트 오스카'를 뒤집은 〈기생충〉(출처: AMPAS)

CNN은 논평에서 "2019년 이후 미국 내 비영어권 시청률은 71% 증가했으며 넷플릭스 미국 회원의 97%는 2020년에 적어도 하나의 비영어권 영화 시청을 선택했다"라고 설명했다. 세계적 추세에 발맞춰 작품성과 스토리, 연기력 측면에서 저비용 고효율에 최적화된 한국 콘텐츠가 세계 시청자의 눈길을 사로잡을 수 있었음을 부인할 수 없다. 단순히 우리 콘텐츠가 뛰어나다는 전제가 아닌 시스템과 사고방식, 우리의 경쟁력, 세계화를 향한 변화라는 3박자가 한데 어우러져 최고의 시너지를 낸 것이라 평가할 수 있다.

미국 할리우드의 탈오리엔탈리즘 시도는 어쩌면 세계 시장을 제패해온 자신들의 패권을 더욱 공고히 하기 위한 새로운 전략일지 모른다. 하지만 이러한 전략을 틈타 우리 콘텐츠의 저력을 세계 시장에

선보일 수 있는 토대를 마련할 수 있다. 이제는 중국 시장만을 공략하던 과거의 한국 콘텐츠 시장 전략에서 벗어나 대중문화의 본고장 미국 · 유럽 시장의 제패를 위해 새로운 전략을 수립해야 할 시점이다.

:: 김민정 변호사의 Talk

미국의 인종차별 금지 정책과 문화예술계의 현주소

최근 들어 미국 영화계에서는 인종차별 논란이 한층 거세진 분위기다. 영화 〈미나리〉가 미국 작품임에도 한국어 대사가 절반 이상이라는 이유로 외국어영화상을 안긴 골든글로브는 차별 논란에 휩싸였고, 지난해 아카데미 여우조연상을 수상한 윤여정은 기자의 무례한 인종차별 질문에 노련하게 대처하여 화제가 되었다. 인권과 인종차별에 대해 더 엄격한 기준을 유지하고 있는 영화계 등 예술계에서도 이런 논란이 지속되는 것을 보면, 아마도 백인의 생각 속에 내재하고 있는 인종에 대한 편견이 쉽게 바뀌기는 어려울 것 같다.

미국의 인종차별 금지의 역사는 꽤나 길고 험난했는데, 그 결과 차별에 대해 단호하게 대처하는 것이 해법으로 자리 잡게 되었다. 우선 1960년대 이후 다양한 형태(인종, 성별, 임신, 피부색, 국적, 나이, 장애)의 차별을 방지하는 많은 연방 「차별금지법」이 생겨났고, 이어 각 주에서도 차별금지를 확대하는 주법을 만들어 여러 행정 조치를 활용할 수 있도록 했다. 이러한 미국의 인종차별에 대한 법적 구제책은 다양한 사례를 두텁게 보호할 수 있다는 측면이 있으나, 중첩적이고 중구난방이며 행정절차가 복잡하다는 비판이 공존한다.

한편, 어느 집단 또는 사회에서의 차별과 인권이 문제되는 경우, 일반적으로 국가나 회사가 피해자를 보호하기 위해 사용할 수 있는 방법은 크게 두 가지가 있다. 편견을 바꾸기 위한 교육과 강력한 형사적 제재가 하나이고, 또 하나는 거액의 손해배상 명령으로 회사 등을 파산 직전으로 몰아붙이는 방법이다. 독일의 경우 차별과 관련한 연방법을 정비하며 법규를 통일화하고 형사처벌을 강화하겠다는 전자의 입장이고, 미국은 대체로 민사적 해결인 징벌적 손해배상, 즉 후자에 포커스를 맞추고 있다.

그렇기 때문에 집단소송제와 징벌적 손해배상제도가 발달한 미국에서는 기업들이 천문학적 소송전에 휘말리는 경우가 있는데, 현재 가장 잘나가는 기업이라 할 수 있는 '테슬라'도 예외는 아니었다. 2021년 8월 흑인 직원의 인종차별 주장에 11억 원가량의 배상금을 지급했고, 10월에도 흑인 노동자들에게 적대적인 근로환경을 방치했다는 이유로 82억 원의 배상금과 1,545억 원의 징벌적 손해배상금 등 모두 1,627억 원을 지급해야 하는 처지에 놓였다. 조립 공장의 엘리베이터 운영요원으로 일했던 흑인 남성 직원은 "공장의 화장실 등 곳곳에 인종차별적 글과 이미지가 게시되어 있고, 상사와 동료들이 인종차별적인 언급을 했는데 테슬라가 이러한 근로환경을 방치했다"며 소송을 냈고, 테슬라는 그런 증거가 없다며 항변했지만 배심원단은 흑인 직원의 손을 들어준 것이다.

사람들의 오랜 편견을 바로잡는 것은 쉬운 일이 아니며, 형사처벌을 내리기 위해서는 범죄의 증명이라는 좁은 관문을 통과해야 하므로 실제 처벌로 이어지기가 쉽지 않다. 그래서 미국은 수많은 시행착오를 거치며, 가장 효과적인 방법으로 위와 같은 징벌적 손해배상이라는 수단을 택한 것으로 보인다.

미국 영화계와 방송계도 지금과 같은 인종차별 상황이 계속된다면, 예술이라는 아우라에 숨어 이러한 강력한 제재로부터 영원한 예외가 될 수 없을 것이고, 또 그래서도 안 될 것이다. 할리우드 영화 등 미국의 엔터테인먼트 산업은 제조업보다 더 큰 부가가치를 만들어내고 있고, 그 영향력 또한 테슬라 못지않게 범국가적이다. 영화 제작사, 유통사, 언론사를 비롯해 엔터산업에 관련된 모든 회사를 차별과 인권이라는 보편적인 기준에서 일반 기업들과 달리 볼 이유가 없고, 이러한 기업들이 스스로 인종차별에 대한 엄격한 잣대를 세우지 않는 이상 거액의 손해배상금을 통해서라도 차별의 문제는 해결의 실마리를 찾아야 할 것이다.

얼마 전 치러진 2022년 골든글로브는 할리우드의 보이콧 여파로 초라하게 막을 내려 〈오징어 게임〉의 오영수 배우의 쾌거에도 불구하고 아쉬움이 남았다. 골든글로브의 주관 단체인 할리우드외신기자협회(HFPA)의 모든 구성원이 백인으로만 이루어진 것이 알려져 논란이 불거졌고, 그간 주최 측의 오랜 인종차별 행태와 폐쇄성, 부정부패 등 각종 의혹이 큰 파문으로 이어졌다. 미국 NBC 방송은 중계를 중단했고, 워너브라더스는 보이콧을 선언했으며, 톰 크루즈는 트로피 3개를 반납하는 등 78년 역사를 자랑하는 골든글로브의 시상식이 존폐의 갈림길에 서 있다.

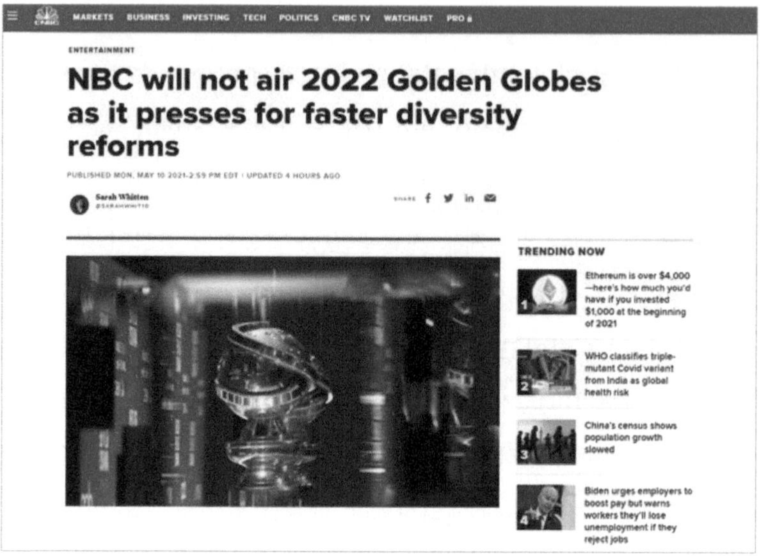
MARKETS BUSINESS INVESTING TECH POLITICS CNBC TV WATCHLIST PRO

ENTERTAINMENT

NBC will not air 2022 Golden Globes as it presses for faster diversity reforms

PUBLISHED MON, MAY 10 2021-2:59 PM EDT | UPDATED 4 HOURS AGO

Sarah Whitten

TRENDING NOW

1 Ethereum is over $4,000—here's how much you'd have if you invested $1,000 at the beginning of 2021

2 WHO classifies triple-mutant Covid variant from India as global health risk

3 China's census shows population growth slowed

4 Biden urges employers to boost pay but warns workers they'll lose unemployment if they reject jobs

NBC의 골든글로브 보이콧 보도 기사(출처: NBC)

고객이 없는 기업을 상상할 수 없듯이 관객이 없는 문화예술을 상상할 수 없다. 민감한 인권 문제가 계속해서 발생하고 이에 대해 근본적인 해결책을 찾지 못한다면, 관객은 예술을 통해 위로가 아닌 상처를 받게 되고 결국은 예술에 대한 열렬한 애정마저 서서히 식게 될 것이다.

엄청난 손해배상금의 부과는 자율과 다양성의 상징인 예술계에 좀처럼 어울리지 않지만, 자본과 효율, 자율경쟁을 추구하는 가장 미국적인 방법이기도 하다. 그들이 잘 아는 그들만의 방식으로라도 문제를 적극적으로 해결해나가기를, 그래서 다양성이 존중받는 진정한 영화의 축제를 볼 수 있기를 바란다.

5

사건 · 사고와 대중문화

Issue 1
오디션 프로그램 투표 조작 사건

:: 이현민 평론가의 Talk

소년 소녀들의 꿈을 짓밟은 죄: Mnet 〈프로듀스 X 101〉 조작 논란

2009년 첫선을 보인 〈슈퍼스타K〉는 종래에 없던 새로운 포맷의 경연 프로그램으로 대한민국을 뒤흔들었다. 〈슈퍼스타K〉는 메가히트급 이슈를 불러왔고, 이를 시작으로 방송사마다 경연 프로그램들이 우후죽순 생겨났다. 잘 만들어진 콘텐츠는 Mnet의 음악 프로그램으로서의 명성과 명맥을 이어가는 데도 상당한 공헌을 했다. 하지만 시즌을 거듭할수록 〈슈퍼스타K〉의 인기는 시들해져갔고, 그렇게 경연 프로그램은 완전히 업계에서 사장되는 듯했다.

하지만 이러한 우려와 의심을 종식시킨 또 다른 혁신 프로그램인 〈프로듀스 X 101〉은 많은 소년 소녀들의 꿈을 음악인이 아닌 '아이돌'로 만들어놓기에 충분했다. 자라나는 많은 청소년에게 〈프로듀스 X 101〉은 팬덤을 형성하는 주체적 소비자로 발돋움하게 했고, 프로그램의 인기와 경쟁력은 실로 막강해져갔다. '국민 프로듀서'라는 달콤한 수식어로 소년 소녀들은 물론 중장년층 대중의 관심도 이끌어냈다. 내가 좋아하고 응원하는 한 명을 직접 아이돌로 만들 수 있다는 믿음과 환상은 마치 프린세스 메이커를 연상케 했다. 유료 문자 투표 시스템을 도입하고, 시청자의 능동적 참여를 유도하는 등 혁신적인 시도를 이어가면서 대중에게 깊은 자극과 즐거움을 안겨주었다.

하지만 대한민국 전체를 뒤흔든 센세이션도 사회 전반에 만연한 고질적 병폐와 갑질문화에서 벗어날 수는 없었다. PD의 삐뚤어진 도덕성에 소년 소녀들의 인생을 건 도전은 추악하고 잔인하게 마무리되었다. 메인PD와 총괄CP는 구속되었고, 투표 조작에 대한 혐의를 인정했다. 이뿐만 아니라 조작 대가로 수백만 원의 접대까지 받았다고 하니* 화려함 속에 이 얼마나 추악한 이면인가?

많은 소년 소녀들의 꿈이 가수가 아닌 아이돌이라는 것은 무엇을 의미하는가? 노래 실력 자체보다는 전체적인 퍼포먼스, 그룹 속 개인의 엔터테이너적 역량, 이 모두를 뛰어넘는 몸매와 외모, 이를 통해 얻어지는 대중적 인기와 헤아릴 수 없는 수익, 이것이 아이돌 비즈니스가 설계하고 있는 청사진이다. 하지만 일반인이 상상할 수 없는 높은 수익과 도제 시스템의 아이돌 교육, 한류를 이끈다는 사명감 뒤에 숨겨진 비상식적 스케줄, 악플과 사생팬, 그 뒤에 숨겨진 많은 연습생의 눈물이 사상 초유의 PD 구속 사태로 그 뇌관이 터졌다고 할 수 있을 것이다.

---

* 조성호, "프듀 PD 김용범 · 안준영 구속… 유흥업소 접대 받은 혐의도", 『매일경제』, 2019.11.5.

엠넷은 이 사태의 책임을 통감한다며 피해 보상과 재발방지책 마련을 논의 중이라고 한다. 이 사태에 대한 피해를 보상한다고 한다면, 과연 그 피해를 보상받아야 할 대상을 어떻게 특정할 수 있을까? 이 프로그램에 참여한 수많은 연습생으로만 가정한다 해도 그 대상은 수천 명에 이를 수 있다. 실제 프로그램에 참여한 수백 명의 연습생, 그리고 문자 투표에 참여한 수만 명의 시청자, 또 투표 조작으로 실질적 · 직접적으로 데뷔하지 못한 연습생, 실제로 데뷔한 연습생 중 이러한 조작의 정황을 몰랐을 멤버까지, 피해 대상과 범위는 특정할 수 없을 정도로 다양한 경우의 수를 만들어낼 수 있다. 그뿐만 아니다. 이미 데뷔한 아이오아이, 워너원, 아이즈원, 엑스원 등 활동 수입에 대한 부분까지 보상범위에 포함한다면 이 사건은 단순히 조작 인정으로 끝날 사안이 아닐 것이다.

〈프로듀스 X 101〉 프로그램 포스터(출처: Mnet)

일반인들의 드라마틱한 가수 데뷔를 지원했던 〈슈퍼스타K〉를 넘어, 연습생들의 꿈을 지원하고 응원했던 국민 아이돌의 실상이 씁쓸하게 느껴지는 것은 단순히 그들을 열심히 응원하고 지켜보았기 때문만은 아닐 것이다. 그보다 꿈을 향해 연습을 거듭한 소년 소녀들의 희망이 짓밟히고, 이 상황 속에서도 여전히 아이돌을 꿈꾸는 수많은 소년 소녀들의 순수한 꿈을 어른들이 훼손하고 있기 때문은 아닐까?

:: 김민정 변호사의 Talk

〈프로듀스 X 101〉 사건, 형사처벌로 끝낼 일인가

수많은 시청자에게 배신감을 안겨주고, 아이돌 지망생들의 순수한 희망을 짓밟았던 〈프로듀스 X 101〉의 투표 조작 사건. 그 후 책임자들은 모두 응당한 죗값을 치르고, 피해자들은 적절한 보상을 받았을까?

지난해 3월 11일 마침내 〈프로듀스 X 101〉을 연출 및 기획한 안준영 PD와 김용범 CP 등 책임자들에 대한 판결이 확정되었다. 대법원은 안 PD에게 징역 2년과 추징금 3,700만 원을, 같은 혐의로 함께 기소된 김용범 CP에게는 징역 1년 8개월을 선고한 원심을 확정했다(대법원 2021.3.11. 선고 2020도17078 판결).

그렇다면 이들에게 형사상 어떠한 죄가 인정되었는지 하나씩 살펴보자.

어렵지 않게 예측할 수 있듯이 가장 먼저 '사기죄'다. 이들은 오디션 투표 결과를 조작할 것임에도 이런 사실을 은폐하고 시청자에게 건당 100원의 유료 문자 투표를 하게 하여 문자 수수료 수익을 챙겼다. 〈프로듀스 X 101〉의 시즌 4에서만도 190만 건이 넘는 문자 투표가 이루어졌고, 여기서 통신사 수수료 등을 제외한 약 9천만 원의 수익금을 챙겼으므로 이는 사람을 기망하여 재산상의 이득을 편취한 것으로서 사기죄에 해당한다.

형법

제347조(사기)

① 사람을 기망하여 재물의 교부를 받거나 재산상의 이익을 취득한 자는 10년 이하의 징역 또는 2천만원 이하의 벌금에 처한다.

다음으로, 시청자에게 순위 조작 사실을 숨기고 투표를 진행한 것은 '위계에 의한 업무방해죄'에도 해당한다. 위계란 "행위자가 행위 목적을 달성하기 위하여 상대방에게 오인, 착각 또는 부지를 일으키게 하여 이를 이용하는 것",* 쉽게 말하면 상대방을 속이는 것인데, 이 때문에 업무의 적정성 또는 공정성이 방해되면 업무방해죄가 성립한다.

그뿐만 아니라 안 PD는 오디션 참가자들이 소속된 연예기획사의 간부로부터 순위 조작을 대가로 40여 차례에 걸쳐 3,700만 원 상

* 대법원 2018.7.24. 선고 2015도12094 판결

형법

제314조(업무방해)

① 제313조의 방법(=허위의 사실을 유포하거나 기타 위계) 또는 위력으로써 사람의 업무를 방해한 자는 5년 이하의 징역 또는 1천500만원 이하의 벌금에 처한다.

당의 접대를 받은 것으로 드러났는데, 이와 같이 업무와 관련하여 부정한 청탁을 받은 행위는 형사상 '배임수재죄'(타인의 사무를 처리하는 자가 그 임무에 관하여 부정한 청탁을 받고 재물 또는 재산상의 이익을 취득한 것)에 해당하며, 이 부분 역시 인정되었다.

이렇듯 일단 대법원 판결로 사건을 저지른 당사자 개인들에 대한 처벌은 확정되었다. 그런데 이것으로 사건이 모두 해결된 것일까? 범죄행위가 있으면 당연히 피해자가 있기에 적어도 금전적으로나마 보상이 이루어져야 하고, 다음 단계로는 이러한 일이 다시는 생기지 않

형법

제357조(배임수증재)

① 타인의 사무를 처리하는 자가 그 임무에 관하여 부정한 청탁을 받고 재물 또는 재산상의 이익을 취득하거나 제3자로 하여금 이를 취득하게 한 때에는 5년 이하의 징역 또는 1천만원 이하의 벌금에 처한다.

도록 재발 방지를 위한 입법이나 제도개선 등이 있어야 해당 사건이 사회적으로 의미가 있게 된다.

피해 보상에 관해 무엇보다 프로그램 제작사인 CJ ENM은 방송사업자로서 마땅히 이번 사건에 대한 책임을 부담해야 할 텐데, 〈프로듀스 X 101〉, 〈프로듀스 48〉, 〈프로듀스 101 시즌2〉 진상규명위원회(이하 진상위)가 판결 확정 후 밝힌 입장에 따르면, CJ ENM은 그때까지도 자신들의 책임을 인정하거나 피해 회복을 위한 구체적인 계획을 밝히지 않고 있다고 했다.

〈프로듀스 X 101〉은 '황금알을 낳는 거위'라고 할 만큼 CJ ENM에 엄청난 매출을 올려줬다고 알려졌는데,* 연습생들과 시청자를 속여 막대한 이익을 벌어들이고도 사건해결에 대해서는 그저 소극적인 태도를 보이고 있다. CJ ENM은 이번 사건으로 인해 방송통신심의위원회로부터 과징금 총 1억 2천만 원을 부과받았지만, 매출액에 비하면 새 발의 피 수준인 과징금을 내고 나면 해외에 프로그램 판권을 팔고 유사 프로그램을 만들어 수익을 내는 데는 전혀 영향이 없는 것이 현행 「방송법」의 공백이다.

사건이 불거진 후 CJ ENM 같은 대규모 매출의 방송사업자에게 외부위원으로 구성된 시청자위원회 설치를 의무화해서 규제해보겠다는 방안 등이 나오기도 했지만, 진행된 것은 전혀 없을뿐더러 과연

* 투표 조작 의혹에도 불구하고 워너원의 매출이 잡힌 지난해 1분기의 경우 전년 동기 대비 555.6% 상승한 사상 최대 콘서트 매출을 기록하며 전체 매출 521억 원, 영업이익 46억 원을 달성했고, 워너원은 활동 기간이었던 1년 6개월 동안 1천억 원 이상의 매출을 올린 것으로 추산되고 있다("'프로듀스' 조작해서 얼마나 벌었나", 〈한국경제신문〉, 2020.11.21, 〈https://www.hankyung.com/society/article/202011202074H〉).

방지 효과가 있을지도 의문이다. 투표하는 시청자가 2천만 명에 달하고, 천문학적 액수의 수익이 발생하며, 이미 여러 타 방송사에도 투표로 진행되는 오디션 프로그램이 성행하고 있는 점 등을 고려하면, 방송사가 아닌 적어도 방송통신위원회에 이러한 프로그램에 대한 감시 기능을 하는 기구를 두는 것이 급선무다.

오디션 프로그램은 단순히 우승자를 선발하는 데 그치는 단발적인 이벤트성 프로그램이 아니다. 국민 중 상당수에 해당하는 시청자가 이 시대의 대중문화를 이끌 스타를 직접 뽑고, 그로 인해 거대한 경제적 · 문화적 파급효과를 일으키는 것이다. 그 과정에서 공정성과 투명성이 담보되지 않는다면 이것은 스토리가 정해져 있는 '사기극' 일 뿐이다.

Issue 2
연예인에 대한 각종 폭로

:: 이현민 평론가의 Talk

폭로의 시대, 무엇을 얻고 무엇을 잃는가?

미투(#Me Too · 나도 당했다)부터일까? 유명인에 대한 과거 폭로전이 수년째 계속되고 있다. 성(性) 관련, 빚투, 학교폭력(이하 학폭), 인성, 개인의 연애사까지 폭로의 종류와 범위도 다양하다. 폭로의 루틴은 대개 비슷하다. 해당 사건에 연루된 연예인에게 피해를 입은 것으로 예상되는 폭로자(또는 고발자)가 네이트판 또는 각종 사이트를 통해 해당 연예인과 있었던 개인적인 일들을 소상히 모든 사람에게 폭로하는 형식이다. 피해자로 규정되는 폭로자는 보통 자신의 정체나 실명 등을 밝히지 않고, 익명성을 보장받으며, 자신이 겪은 수년 전 사건의 수많은 일을 여과 없이 폭로한다.

사실 미투가 처음 시작된 미국과는 사뭇 다른 모습이다. 미국판 미투는 자신의 실명과 해당 인물과의 관계를 명확히 제시하고, 자신이 당한 성 관련 범죄에 대한 법적 · 도의적 책임을 모두 묻는 형태로 진행되었다. 세계적 미투 운동을 촉발시킨 할리우드 영화제작자 하비 와인스타인은 이 일을 계기로 1급 강간 등 다수의 성범죄 혐의로 기소되었다. 이 사건을 계기로 국내는 물론 전 세계적으로 정의 구현의 이름으로 장막 뒤에 숨어있던 성범죄자들이 표면 위로 드러났다.

미국과는 달리 국내 정서상 수년이 지난 피해 사실에 대해 자신의 신상을 모두 밝히면서 폭로하는 것은 사실상 쉽지 않다. 하지만 문제는 이러한 국내 정서를 악용하여 미투의 숭고한 정신이 개인의 원한 폭로전으로 변질되는 양상이 나타나고 있다는 것이다. 미투가 사회적 관심이 필요한 공적 영역이었다면, 이제는 수많은 폭로전이 사적 감정 싸움의 장으로 변질된 것이다.

지난해 연예계를 떠들썩하게 했던 학폭 폭로는 많은 유명인의 추악한 민낯을 드러나게 하는 계기가 되었다. 연일 터지는 수많은 폭로에 대중은 피로감과 함께 객관적 판단력도 상실하게 되었는데, 이유는 수많은 폭로 중에 일부는 진실이 아니거나 아예 있지도 않았던 일을 만들어내어 무고한 경우를 상당수 포함하고 있었기 때문이다. 개그우먼 홍현희는 시류에 편승한 악플러의 무분별한 억지 주장에 피해를 입었다. 수년간 상습적으로 악의적 게시물을 올려 홍현희를 무고했다. 이 외에도 다수의 아이돌 그룹의 멤버들이 고의적 · 악의적 무고에 큰 피해를 입었으며, 이로 인해 금전적 · 정신적으로 애꿎은 피해자가 양산되었다.

하지만 이보다 더 심각한 문제는 따로 있다. 바로 개인사 폭로전이다. 해당 연예인과의 개인적 원한이나 연애사로 인해 발생한 개인사를 공개적으로 폭로하는 형태인데, 이는 당사자는 물론 대중에게까지 피로감을 넘어 정신적 고통을 안겨주고 있다. 특히 이유를 불문하고 수많은 폭로자가 '2차 가해'라는 그럴듯한 보호막 뒤에 숨어서 무차별적이고 무분별한 폭로전을 이어가고 있다. 이 때문에 최근 tvN 드라마 〈갯마을 차차차〉로 큰 성공을 거둔 김선호의 연예 활동에도 적신호가 켜졌다.

김선호와 연인 관계였던 한 여성은 김선호가 낙태를 종용했고, 혼인을 빙자했다며 김선호와의 개인적 연애사를 폭로했다. 물론 그녀는 익명성을 활용하여 자신의 정체는 철저히 숨겼고, 그녀의 주장에 김선호는 큰 타격을 입었다. 무차별적이고 무분별한 폭로 내용에 김선호는 게시글이 올라온 지 일주일도 채 지나지 않은 시점에 수많은

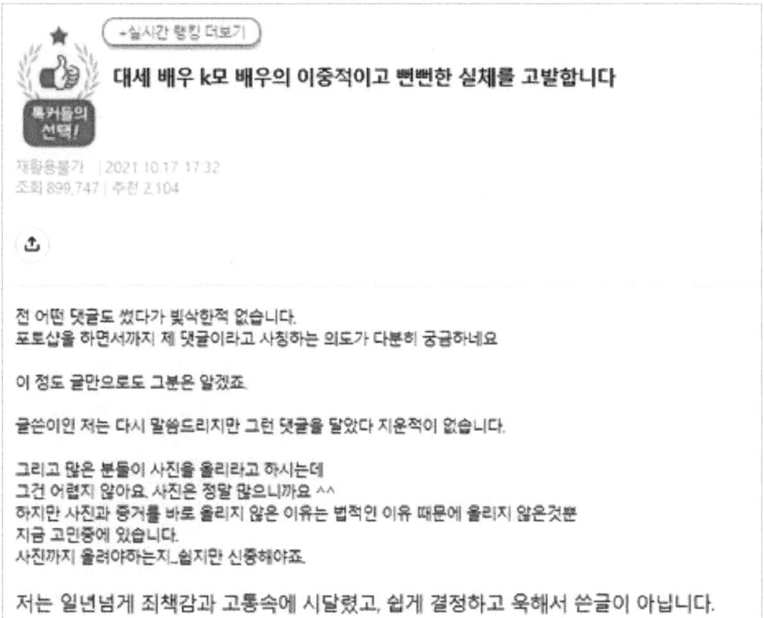

+실시간 랭킹 더보기

톡커들의 선택!

대세 배우 k모 배우의 이중적이고 뻔뻔한 실체를 고발합니다

재활용불가 | 2021.10.17 17:32
조회 899,747 | 추천 2,104

전 어떤 댓글도 썼다가 빛삭한적 없습니다.
포토샵을 하면서까지 제 댓글이라고 사칭하는 의도가 다분히 궁금하네요

이 정도 글만으로도 그분은 알겠죠.

글쓴이인 저는 다시 말씀드리지만 그런 댓글을 달았다 지운적이 없습니다.

그리고 많은 분들이 사진을 올리라고 하시는데
그건 어렵지 않아요. 사진은 정말 많으니까요 ^^
하지만 사진과 증거를 바로 올리지 않은 이유는 법적인 이유 때문에 올리지 않은것뿐
지금 고민중에 있습니다.
사진까지 올려야하는지_쉽지만 신중해야죠.

저는 일년넘게 죄책감과 고통속에 시달렸고, 쉽게 결정하고 욱해서 쓴글이 아닙니다.

배우 김선호의 전 연인이 온라인 커뮤니티에 게시한 글(온라인 커뮤니티 캡처)

프로그램은 물론 광고 계약에서도 이른바 '손절' 당했다. 하지만 2차 가해를 핑계로 숨은 폭로자를 자처하던 전 여자친구의 신상이 공개되고, 그녀의 과거 행각은 물론 사건의 진실이 하나둘씩 드러나면서 김선호에 대한 비난 여론은 완전히 뒤바뀌었다.

이 사건의 진상은 사실상 두 남녀의 과거 연애사에 불과한 것으로 보인다. 낙태 등 도의적으로 비난을 받아야 할 부분이 있었을 수 있으나(남자만의 문제로 단정 지을 수도 없다), 이 또한 너무나 사적인 두 연인 사이의 과거사다. 만약 낙태죄에 대해 김선호에게 그 과실 여부를 묻는다면, 이는 더 이상 김선호 개인의 문제가 아닌 사회적 합의의 문제다. 그것이 아니라면 개인의 감정싸움으로 한 사람의 인성을 평가하여 궁지로 몰아넣는 것은 너무나도 비합리적이고 무분별한 폭로다.

유명인들에 대한 폭로전으로 대중은 이미 피로감에 시달리고 있다. 정의 구현이라는 이름으로 시작된 폭로전이 이제는 젠더 갈등, 세대 갈등, 계층 갈등 등 우리 사회를 갈등의 장으로 몰아넣고 있다. '인과응보'라는 말도 있지만, 검증되고, 유의미하고, 투명한 정보만이 한 사람의 인생을 평가할 수 있는 기준이 되길 바란다. 모든 사건에는 쌍방의 의견이 있듯, 한 사람의 폭로만으로 다른 한 사람을 매장시키거나 나락에 빠뜨릴 수는 없다. 익명성의 악용을 2차 가해라는 피해자 보호로 포장해서는 안 되며, 거짓 주장으로 어느 한 사람의 인생을 망가뜨리는 행위 또한 용인되어서는 안 될 것이다.

주진모 해킹 사건에서 대중이 알아야 할 것

다수의 연예인이 해커의 공격을 받았다. 몇몇 유명 연예인의 개인정보 및 사생활이 해킹당했고, 대중에게 모두 공개될 위기에 처했다. 해킹 공격을 받은 연예인들은 아이돌 가수, 배우 등 다양했는데, 몇몇은 해커들의 요구대로 거액의 비용을 지급하고 개인정보 유출을 막았다고 한다. 하지만 배우 주진모는 이들의 요구에 응하지 않고 적극 신고하는 등 법적 대응을 통해 구제 아닌 구제를 받았다. 해커들은 죗값을 받았고 주진모 등은 피해자로 명명되었지만, 왠지 씁쓸한 뒷맛을 남기는 결과로 해당 연예인들은 현재까지 이렇다 할 활동을 하지 못하고 있다. 왜일까?

사건이 알려진 직후 얼마 동안 '주진모 문자', '주진모 카톡'이라는 검색어가 실시간 검색어 순위를 완전히 장악했다. 삽시간에 주진모의 문자 내용이 다양한 루트를 통해 급속도로 유포되었다. 문자 내용은 대중에게 큰 충격을 안겨주었다. 몇몇 대중은 충격을 넘어 배신감과 분노를 감추지 못했는데, 그 이유는 대화 내용이 너무나 내밀하지만 저급한 종류의 것이었기 때문이다.

문자 내용은 주진모가 A로 추정되는 유명 연예인과 나눈 대화로, 2013년경의 것으로 추정된다. 해당 문자에는 다량의 여성 사진이 포함되어 있으며, 연예인 다수의 실명도 등장한다. 하지만 그것보다 더 충격적인 것은 문자 내용이다. 그들은 공식적인 유부남 배우들로 잘 알려져 있는데, 문자 내용에는 그들이 여러 여성과 부적절한 만남을 가진 정황이 다수 포착된 것이다. 또 다수 여성의 사진과 프로필이 첨

부되어 있으며, 이들에 대한 외모, 몸매에 대한 품평이 주를 이루었다.

상상하지 못했던 톱스타들의 부도덕한 사생활이 유출되면서 각종 커뮤니티와 포털 사이트는 주진모와 관련자로 추정되는 연예인에 대한 비난이 쏟아졌다. 특히 A씨는 1990년대부터 현재까지 톱스타로 군림하고 있는 배우 장동건으로 톱배우 고소영과 결혼생활을 하고 있는 것은 모르는 사람이 거의 없을 정도다. 문자상의 행위는 장동건-고소영 부부의 결혼생활이 이어지고 있던 와중에 일어난 일이라는 데 대중에게 더 큰 충격으로 다가왔다. 장동건은 이에 대해 직접적인 대응은 하지 않았지만, 난감함을 넘어 앞으로의 연예계 생활 전반에 영향을 미칠만한 대형 스캔들로 발전하여 당혹스러운 기색이 역력하다.*

대중의 사랑을 받고 있고, 이로 인해 대중이 상상할 수 없는 큰 수익을 내며 호화스러운 생활을 하는 연예인들에게 대중은 일정 수준 이상의 환상을 품고 있다. 연예인들 또한 이미지로 먹고사는 직업이다 보니, 그들의 행동과 말투 등 이미지메이킹을 위해 최선을 다한다. 이러한 이미지를 통해 드라마나 영화 캐릭터가 씌워지고, 이 이미지가 드라마와 영화, 광고 등 대부분의 연예 활동의 성공에 성패를 가르기도 한다. 이렇게나 중요한 이미지, 특히 고급스럽고 가정적이며 젠틀한 이미지를 고수하던 주진모와 장동건 및 다수의 연예인은 졸지에 연예 활동에 제동이 걸린 것이다.

---

* 이미나, "주진모 휴대폰 해킹 후 첫 입장 "언급된 여성들께 용서를" 장동건에 대한 사과는 없어", 『한경 사회』, 2020.1.16. 등에 장동건-고소영에 대한 구체적 사실이 이미 기사화되었다.

대중의 분노는 이미지에 대한 배신과 실망, 특히 유부남의 유흥 등에서 발생하는 가식에 대한 환멸 등일 것이다. 그렇기 때문에 대중의 관심은 주진모가 당한 해킹 피해보다는 그들의 사생활에 초점이 맞추어졌다. 그럼에도 우리가 이 사건에서 간과해서 안 될 것은 바로 주진모가 해킹 피해를 당했다는 사실에 있다. 아무리 공인으로, 또 대중의 사랑을 먹고사는 직업이라고 하지만, 그들의 사생활조차 공공재는 아니다. 비난받아야 할 행동을 한 것은 맞지만, 그들의 사생활을 대중이 나서서 왈가왈부하며 확대 재생산하는 것은 옳지 않다. 그 일로 인해 분노한 개인적인 감정은 이미지 타격을 맞은 그들의 콘텐츠를 더 이상 소비해주지 않거나, 그들이 다시 연예 활동으로 수익을 창출하지 못하도록 외면하는 등의 방법이 있을 것이다. 이미 영혼까지 탈탈 털렸을 그들의 삶에 대중이 보태어 비난할 필요는 없고, 더 나아가 그들의 가족에게 공개적으로 위로를 가장한 비난을 하는 것은 삼가야 할 행동이다.

현재를 살아가는 우리는 정보화시대의 가장 큰 수혜자이자 피해자일 수 있다. 이 편리함 속에서 언제든지 발생할 수 있는 해킹 문제는 절대 그들만의 문제가 아닐 수 있음을 인지해야 할 것이다. 개인인 나도 누군가가 나의 개인적이고 은밀한 사생활이 담긴 휴대폰을 낱낱이 훑어본다면 소름 돋고 공포스러울 것인데, 연예인들은 오죽하랴? 모든 대중이 나의 사생활을 살펴보고 비웃고 힐난하고 비난한다면 이는 상식에서 벗어난 일이고, 일어나서는 안 될 범죄임이 명백하다. 혹자는 이번 사건을 발생시킨 이들을 '화이트 해커'라고 칭한다. 하지만 그들은 범죄자 그 이상도 이하도 아니다. 금전으로 협박을 일삼는 범죄자에게 화이트 해커라니 어불성설이 아닐 수 없다. 도 넘은 범죄가 많은 사람을 혼란에 빠뜨리고 있는 요즘, 해킹 문제는 강 건너 불구경할 수 있는 남의 일만은 아닐 것이다.

:: 김민정 변호사의 Talk

연예인에 대한 폭로가 남기는 법적 문제들

계약 위반과 손해배상

"연예인은 이미지로 먹고산다"라고 할 정도로 그들의 이미지는 곧 몸값이고, 방송계 · 광고계 · 영화계 등 연예산업에서 창출되는 수익과 직결되어 있다. 그런 만큼 연예인들을 둘러싼 각종 폭로, 또 그로 인한 이미지의 실추는 제작사 · 광고주들에게 막대한 금전적 손해를 불러온다.

학폭 논란이 불거진 배우 지수의 경우 학폭 논란으로 인해 소속사인 키이스트와의 전속계약을 합의 해지했지만, 키이스트는 현재 지수가 주인공을 맡아 촬영 중이던 드라마 〈달이 뜨는 강〉의 제작사인 '빅토리콘텐츠'와 사이에 30억 원대의 손해배상청구소송을 벌이고 있다.

빅토리콘텐츠 측은 "지수의 학폭 논란이 있던 시점에 이미 촬영

배우 지수의 학교폭력 논란으로 재촬영을 하게 된 〈달이 뜨는 강〉(출처: KBS)

이 95%가량 진행된 시기였는데, 배우 교체로 전면 재촬영을 하게 되어 그간 투입된 엄청난 제작비에 재촬영 비용까지 손해가 막심하고, 이러한 직접적 손해뿐 아니라 시청률 저하, 해외고객 클레임 제기, 기대매출 감소, 회사 이미지 손상 등 상당 기간 장래까지 영향을 미칠 수 있는 엄청난 손해가 계속되고 있다"고 주장했다. 이에 키이스트 측은 빅토리콘텐츠 측에서 손해배상을 청구하며 제시한 제작비 추정 금액에는 구체적인 근거가 부족해 이를 그대로 수용할 수 없다는 입장이다.

이렇듯 연예인의 이미지 실추는 곧바로 방송사 · 제작사 · 소속

대중문화예술인 방송출연 표준계약서(배우)

제5조('배우' 및 '매니지먼트사'의 의무)

(3) 제작에 참여하는 자는 본 프로그램의 제작 방영과 관련하여 사회적 물의(약물, 도박 등 법령위반과 이에 준하는 물의)를 일으키거나 대중문화예술인으로서의 품위를 손상시키는 행위를 하지 않아야 한다.

대법원 2009.5.28. 선고 2006다32354 판결(故최진실 사건)

망인에게 책임 없는 사유로 인하여 그 이미지가 손상될 수 있는 사정이 발생한 경우라 하더라도 적절한 대응을 통하여 그 이미지의 손상을 최대한 줄여야 하는 계약상의 의무를 진다. 그럼에도 불구하고, 망인은 그의 남편인 소외 2와의 감정 다툼으로 인하여 물리적인 충돌에까지 이르고 용모도 훼손되어 모델로서의 활동도 잠정적으로 불가능한 상태에 이르렀을 뿐 아니라, 비록 망인의 주장과 같이 일방적으로 폭행을 당하였음에도 소외 2와의 물리적인 충돌 사실이 언론에 노출되어 그 경위에 관한 관심이 늘어남에 따라 사실과 다른 보도가 이루어지지 않도록 해명할 필요가 있었다고 하더라도, 기자들에게 그 충돌 경위를 상세히 진술하고 자신의 멍들고 부은 얼굴과 충돌이 일어난 현장을 촬영하도록 허락하여 그 진술 내용과 사진이 언론을 통하여 일반인들에게 널리 공개되도록 한 것은 적절한 대응의 정도를 넘는 것으로서 (중략) 따라서 망인의 위와 같은 행위는 이 사건 광고모델계약에서 정한 품위유지약정을 위반한 것으로서 피고 회사와 망인은 원고 회사에 채무불이행으로 인한 손해배상책임을 진다고 할 것이다.

사의 손해로 이어지므로 통상 방송 출연 계약이나 광고 모델 계약에는 '품위 유지 조항'을 따로 두어 연예인에게 사회적 물의를 일으키거나 품위를 손상하지 않을 의무를 부과한다. 이를 근거로 연예인이 각종 범죄에 연루되는 등으로 손해가 발생했을 때는 이미 지급한 출연료 반환과 함께 판매 별도의 손해배상청구를 할 수 있는 것이다.

광고주에 대한 연예인의 손해배상 의무가 인정된 대표적인 사례로는 故최진실 사건이 있다. 소송의 쟁점은 본인의 책임이 아닌 사유(가정폭력의 피해)로 인해 연예인의 품위가 손상된 경우에도 손해배상 의무가 있는지 여부였다. 이에 법원은 "가정폭력에 대해서는 故최진실의 과실이 없으나, 그 경위를 상세히 진술하고 상해를 입은 부위의 촬영을 허락하는 등 언론에 노출한 것은 품위유지 약정의 위반"이라고 판단했다. 즉, 본인의 과실로 인해 벌어진 일이 아니더라도 그에 따른 이미지 손상은 최대한 줄여야 하는 것이 광고모델로서의 계약상 의무라고 본 것이다.

이 밖에도 2014년 불법 도박 혐의로 징역 6월에 집행유예 1년을 선고받은 개그맨 이수근은 광고주인 자동차용품 전문 업체 불스원과의 손해배상 소송 끝에 모델료(2억 5천만 원)의 280%인 7억 원을 지불하라는 판결을 받았고, 홍상수 감독과의 불륜으로 이미지가 실추된 배우 김민희, 멤버 간 왕따 논란이 있었던 걸그룹 티아라 등 여러 연예인이 소송단계로 가기 전 스스로 과실을 인정하고 수억 원의 위약금을 배상했다. 지난해 논란이 되었던 배우 김선호의 경우 전 연인에 대한 낙태 종용 의혹 등으로 이슈가 되자마자 여러 광고에서 손절 당해 손해배상 문제가 회자되기도 했는데, 폭로자인 전 여자친구와의 카카오톡 내용이 공개되면서 분위기가 반전되어 중단되었던 일부 광고들이 재개되었고 손해배상 발생 가능성도 낮아졌다.

이렇듯 연예인들의 논란에 따른 이미지 실추와 계약 위반 문제는 비일비재하게 발생하고, 그러다 보니 반듯하고 모범적인 이미지를 나타내야 하는 여러 공공 기관과 공기업들은 '진짜 사람'보다 사고 치지 않고 신뢰할 수 있는 가상 인간(버추얼 휴먼)을 홍보모델로 세우는 사례가 많아지고 있을 정도다.

그럼에도 아직 우리 엔터테인먼트 업계에서 사용되고 있는 많은 계약서의 품위유지 조항은 그 내용이 구체적이지 않은 경우가 많고, 이는 불필요한 분쟁을 불러오기도 한다. 품위유지 의무의 범위가 어디까지인지(예: 계약 이전에 있었던 일이나 증명되지 않은 의혹 단계의 논란도 포함되는지 등), 위반 사항에 따른 위약금은 정확히 얼마인지, 어떠한 경우에 연예인이 면책되는지 등에 관하여 명확히 정해두어야 추후에라도 분쟁이 생겼을 때 소송전을 통한 비용과 시간을 낭비하지 않고도 문제를 해결할 수 있다.

명예훼손의 피해

연예인들에 대한 각종 폭로의 또 다른 문제는 무분별한 허위사실 혹은 과장된 사실의 적시로 인한 명예훼손이다.

의혹이 터졌다 하면 부정적인 이미지로 각인되는 것은 순식간이고, 광고주나 제작사도 일단 문제가 되면 빠른 '손절'에 들어간다. 수사나 재판을 통해 그 진위 여부가 밝혀지는 데는 짧지 않은 시간이 걸리는데, 그전에 이미 대부분 손해가 발생한다. 그렇기 때문에 연예인들도 무분별한 폭로에 대해서는 일단 상대방을 명예훼손죄로 고소하며 강경하게 대응하는 경우가 많다.

형법

제307조(명예훼손)

① 공연히 사실을 적시하여 사람의 명예를 훼손한 자는 2년 이하의 징역이나 금고 또는 500만원 이하의 벌금에 처한다.

② 공연히 허위의 사실을 적시하여 사람의 명예를 훼손한 자는 5년 이하의 징역, 10년 이하의 자격정지 또는 1천만원 이하의 벌금에 처한다.

정보통신망이용촉진 및 정보보호등에 관한 법률

제70조(벌칙)

① 사람을 비방할 목적으로 정보통신망을 통하여 공공연하게 사실을 드러내어 다른 사람의 명예를 훼손한 자는 3년 이하의 징역 또는 3천만원 이하의 벌금에 처한다.

② 사람을 비방할 목적으로 정보통신망을 통하여 공공연하게 거짓의 사실을 드러내어 다른 사람의 명예를 훼손한 자는 7년 이하의 징역, 10년 이하의 자격정지 또는 5천만원 이하의 벌금에 처한다.

③ 제1항과 제2항의 죄는 피해자가 구체적으로 밝힌 의사에 반하여 공소를 제기할 수 없다.

형법

제310조(위법성의 조각)

제307조제1항의 행위가 진실한 사실로서 오로지 공공의 이익에 관한 때에는 처벌하지 아니한다.

사실 또는 허위사실을 적시해 명예를 훼손할 경우 형법상 명예훼손죄가 성립하고, 민사상 불법행위에도 해당하여 손해배상 의무가 있다. 온라인상에서 비방의 목적으로 사실 또는 허위사실을 적시하면 「정보통신망법」 위반의 명예훼손으로 처벌을 받는다.

다만 그것이 ① 공공의 이익을 목적으로, ② 진실한 사실을 적시한 것이거나 ③ 허위사실이라면 이를 진실한 사실로 오인할 만한 상당한 이유가 있는 경우, 그 위법성이 조각되어 처벌을 받지 않는데, 연예인을 포함해 유명인을 대상으로 한 폭로의 경우 '공익성'이 중요한 쟁점이 된다.

즉, 폭로의 내용이 공적 관심사나 공익에 부합하는지가 중요한 판단 기준인데, 공인의 경우 비판의 허용범위를 일반인보다는 다소 넓게 해석하는 경향이 있다. 예를 들어 음주운전 예방 홍보대사인 연예인에게 과거 음주운전 전력이 있는 사실을 폭로했다면, 이는 공적 사안이고 공익을 위한 것으로 인정되어 폭로한 자가 처벌을 받지 않을 수 있다. 반면 단순 사생활 폭로나 가해자에 대한 사적인 복수심만으로 해당 사실을 적시했다면 명예훼손이 성립할 가능성도 높다.

배우 겸 가수 김현중은 2014년부터 전 여자친구 최 씨와 5년 넘게 법적 공방을 벌이다가 최 씨가 김현중의 명예를 훼손했다고 인정되어 1억 원을 배상하라는 판결을 받았다. 최 씨는 2014년 8월 김현중으로부터 폭행을 입었다며 고소했는데, 김현중으로부터 6억 원의 합의금을 받고 형사 고소를 취하했다. 그러나 다시 김현중과 갈등을 빚다가 2015년 4월 "김현중의 폭행으로 유산했고 임신중절을 강요당했다"고 주장하며 16억 원 규모의 손해배상을 청구하는 소송을 냈고, 이에 김현중 측도 "허위사실을 폭로해 명예를 훼손하고 합의사항을 어겼다"며 같은 액수를 청구하는 반소를 제기했다.

1심과 2심은 "최 씨의 주장에는 모두 증거가 없고, 오히려 최 씨가 김현중의 명예를 훼손했다"며 1억 원을 배상할 것을 명했고, 대법원도 최 씨의 상고를 기각하며 원심 판단을 확정했다.* (다만 같은 날 최 씨에 대한 형사상 명예훼손 혐의에 대해서는 무죄가 선고되어** 결과적으로 민·형사 소송에서 다른 결론이 내려지게 되었는데, 이는 명예훼손에 대해 민사소송과 형사소송에서 각기 요구되는 증명의 정도와 요건에서 차이가 있기 때문이다.)

이렇듯 김현중은 최종 승소하며 누명(?)을 벗었으나 논란의 시작부터 최종 판결을 받기까지 약 6년간이나 대중에게 부정적인 이미지로 인식될 수밖에 없었고, 연예인으로 전성기를 누릴 나이에 장기간 연예 활동을 중단하면서 금전적으로는 보상받지 못할 만큼의 막대한 손해를 입었다.

대중이 동경하는, 어찌 보면 상당 부분 만들어진 연예인의 이미

---

* 대법원 2020.11.12. 선고 2018다284295 판결

** 대법원 2020.11.12. 선고 2018도17586 판결

지는 엔터테인먼트 업계에 막대한 이익을 가져다주기도 하지만, 약간의 손상에도 한순간에 무너지며 큰 손해를 발생시키기도 한다. 그것이 엔터테인먼트 산업계의 냉정한 이면이고, 이곳에서 살아남아야 하는 자들의 사생활 관리는 피할 수 없는 숙제이기도 하다.

Issue 3
연예인의 활동 중단과 복귀

:: 이현민 평론가의 Talk

물의 연예인의 방송복귀를 바라보는 시선

우리나라에서 '공인'이라는 명칭은 다소 두루뭉술하게 사용된다. 정치인, 연예인, 스포츠선수까지 대중매체로 널리 알려진 인물들을 대체로 '공인'이라 일컫는다. 사전적 의미는 "나랏일을 하는, 공적인 일에 종사하는 사람"을 일컫는 말이지만, 우리는 얼굴이 알려진 많은 이들에게 '공인'이라는 대명사를 사용하고 있다. 연예인을 공인으로 명명한 만큼 그들에게 공인에 준하는 높은 도덕적 기준과 책임을 묻게 되는 것은 어쩌면 당연하다. 연예인들이 대중에게 재미와 즐거움을 주는 존재로 각인되던 이전 시대와는 달리, 공인으로서의 연예인은 그만큼 그들의 행동에 대한 일정 이상의 책임과 도덕성이 요구된다. 공인이라 이름이 붙여졌고, 그들이 일반 대중에 비해 이른 시간에 많은 수입을 올릴 수 있다는 사실까지 알려지면서 그들을 향한 사회적 잣대는 더욱 날카롭고 빡빡해진 것이 사실이다.

우리는 수년간 많은 연예인이 물의를 일으키거나 범죄를 저지르는 것을 목도해왔다. 그 종류와 수위도 매우 다양한데, 그중에는 대중에게 절대 용납되지 않을 범죄도 다수 포함되어 있다. 방송사별로 물의를 일으킨 연예인들에 대한 출연 정지 기준이 다양한데, 이러한 기준과는 무관하게 대중의 정서법에 의해 사실상 퇴출당한 연예인도 적지 않다.

그중에서도 유승준과 MC몽은 대표적으로 국민정서법에 의해 연예계에서 완전히 퇴출된 사례로 평가할 수 있다. 방송사의 방송정지 규정과 무관하게 유승준은 국내 입국을 할 수 없는 처지이고, MC몽은 대중의 마음속에서 완전히 지워졌다고 해도 과언이 아니다. 유승준과 MC몽의 두 가지 공통점은 전 국민적인 사랑을 받던 가수였다는 것과 병역 비리로 연예계에서 퇴출되었다는 것인데, 법률상의 문제도 물론 있겠지만, 군대 문제를 가장 민감하게 생각하는 국내 정서상 대중에게 미운털이 제대로 박힌 것이다.

배신감을 느끼게 하는 거짓말은 그들을 믿었던 대중에게는 큰 충격으로 다가온다. 가수 겸 개그맨 신정환은 해외 원정 도박이라는 범죄 혐의보다 대중을 기만했다는 괘씸죄가 적용되어 현재까지 이렇다 할 방송활동을 하지 못하고 있다. 전 국민적 사랑을 받았다고 할 수는 없는 신정환도 거짓으로 활동하지 못하고 있는데, 유승준과 MC몽에 대한 전 국민적 충격과 분노는 지금까지도 뜨거운 논쟁이 될 수밖에 없다. 일각에서는 유승준에 대한 기준과 잣대가 국가기관 병무청이 나서서 처리해야 할 만큼 중대한 사안이냐고 일침한다. 하지만 유승준이 병역을 회피할 당시 병무청이 그에게 제공한 혜택을 알고 있다면, 그리고 그가 방송을 통해 했던 말과 행동의 경중을 따져본다면, 그가 대중에게 얼마나 큰 충격과 실망감을 안겼는지, 왜 지금까지 그가 국민 역적(!) 취급을 받고 있는지 이해할 수 있을 것이다.

병역비리뿐만 아니라 수많은 범죄와 물의에 연루된 연예인들은 수없이 많지만, 그들은 어떠한 방식으로든 다시 연예계로 복귀한다. 실형을 받든 받지 않았든 물의를 일으킨 연예인들에 대해 방송사에서는 자체 규정에 따라 그들에 대한 방송 금지 징계를 내린다. 보통 사안의 경중에 따라 방송 금지 규정이 짧게는 1년에서 많게는 무기한 연장될 수 있다. 물론 지상파 방송 3사의 기준이 비교적 엄격하고, 케이블이나 종편의 기준은 지상파에 비해 낮기도 하다. 그렇기 때문에 종편이나 케이블 방송 또는 유튜브 등 우회경로를 통해 어느 정도 시간이 지나면 물의를 일으킨 연예인들은 슬금슬금 방송에 얼굴을 내비친다.

국민정서법에 부합하는 도의적 징계 절차가 있긴 하지만, 그간의 행태를 통해 대중이 얻은 결론은 하나다. 그들이 '자숙'이라는 이름으로 일정 기간 방송에 얼굴을 내밀지 않다가 어느 순간 스멀스멀 복귀를 시도한다는 것을. 그뿐만 아니라 이제는 유튜브 등 공중파를 벗어난 플랫폼의 다양화로 물의 연예인의 복귀가 그 어느 때보다 쉬워졌고, 이에 대해 시청자는 분노한다.

어떠한 사회적 기준과 잣대로 말미암아 물의 연예인들을 심판해야 한다는 것이 아니다. 이보다 중요한 것은 연예인들 스스로 대중이 공인이라고 부르며 그들의 위상을 올려준 만큼 위법과 도덕에 대한 스스로의 엄격한 기준을 마련해야 한다는 것이다. 연예인은 매체를

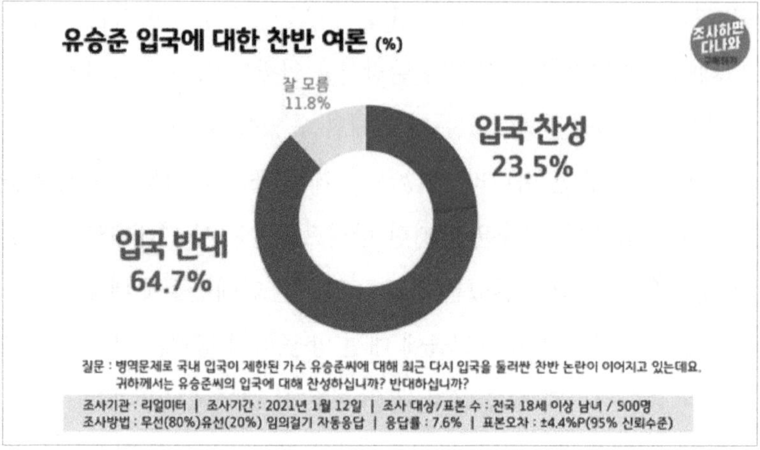

가수 유승준의 입국에 대한 찬반 여론 설문조사(2021) 결과(출처: 리얼미터)

통해 자의 반 타의 반 자주 마주하게 되는 우리 일상 속 인물들이다. 그들은 공인이기 이전에 대중의 사랑과 관심을 통해 생계를 유지하는 특수 직업군이다. 그들을 찾고 원하는 대중의 수요는 그들이 가진 재능과 끼를 함께 즐기기 위함이지, 그들의 추악한 민낯을 용인하기 때문은 아닐 것이다. 그들의 행동과 말이 자라나는 어린 청소년들에게 직접적인 영향력을 미치는 요즘이다. 이제는 아이돌을 꿈꾸는 수많은 소년 소녀들, 유명 유튜버를 꿈꾸는 청소년들에게 진짜 공인이란 무엇인지 보여줘야 할 때다. 그만큼 공인은 공인이라는 이름과 왕관의 무게를 견뎌야 하는 쉽지 않은 존재들이다.

:: 김민정 변호사의 Talk

20년째 진행 중인 유승준 사건의 전망

유승준의 입국 금지 사건이 회자된 지도 벌써 20년이 되었다. 2019년에는 유승준의 비자 발급 거부에 대한 대법원 판결까지 나왔는데, 최근에도 그가 입국 거부에 대한 소송을 진행하고 있다는 뉴스가 들린다. 왜 그런 것일까? 일단 지금까지 사건이 어떻게 진행되었는지 살펴보자.

1990년대 후반 대표적인 톱스타인 유승준은 연예계를 장악하며 승승장구했고, 건강한 청년의 이미지로 '국민가수'라는 타이틀까지 얻었다. 당시 미국 영주권자였던 그가 군대에 갈지 여부는 팬들의 관심사였는데, 그는 평소 "군대에 가겠다"는 의사를 여러 차례 내비쳤고 여느 청년들과 마찬가지로 신체검사를 받고 입영 통지를 받는다.

그런데 그는 입대를 앞둔 2002년 1월 일본에서의 고별 콘서트와 미국의 본가 방문을 위해 귀국보증제도를 이용하여 "일정이 끝나는 대로 바로 한국으로 입국하겠다"는 각서를 제출하고 출국했는데, 돌연 미국 LA 법원에서 시민권 취득 절차를 밟는 동시에 대한민국 국적을 포기했다.

대중은 큰 배신감을 느껴 그의 입국을 반대하는 민원이 폭주했고, 병무청은 "인기 가수의 병역 기피 사례는 청소년들에게 악영향을 미치고, 군 복무 중인 병사들의 사기를 저하시킬 수 있다"는 등의 이유로 「출입국관리법」 제11조 1항(제3, 4, 8호)에 근거해 법무부에 그의 입국 금지를 요청했다. 그는 2002년 2월 인천공항을 통해 입국을 시

출입국관리법

제11조(입국의 금지 등)

① 법무부장관은 다음 각 호의 어느 하나에 해당하는 외국인에 대하여는 입국을 금지할 수 있다.

1. 감염병환자, 마약류중독자, 그 밖에 공중위생상 위해를 끼칠 염려가 있다고 인정되는 사람
2. 「총포 · 도검 · 화약류 등의 안전관리에 관한 법률」에서 정하는 총포 · 도검 · 화약류 등을 위법하게 가지고 입국하려는 사람
3. 대한민국의 이익이나 공공의 안전을 해치는 행동을 할 염려가 있다고 인정할 만한 상당한 이유가 있는 사람
4. 경제질서 또는 사회질서를 해치거나 선량한 풍속을 해치는 행동을 할 염려가 있다고 인정할 만한 상당한 이유가 있는 사람
5. 사리 분별력이 없고 국내에서 체류활동을 보조할 사람이 없는 정신장애인, 국내체류비용을 부담할 능력이 없는 사람, 그 밖에 구호(救護)가 필요한 사람
6. 강제퇴거명령을 받고 출국한 후 5년이 지나지 아니한 사람
7. 1910년 8월 29일부터 1945년 8월 15일까지 사이에 다음 각 목의 어느 하나에 해당하는 정부의 지시를 받거나 그 정부와 연계하여 인종, 민족, 종교, 국적, 정치적 견해 등을 이유로 사람을 학살 · 학대하는 일에 관여한 사람
   가. 일본 정부
   나. 일본 정부와 동맹 관계에 있던 정부
   다. 일본 정부의 우월한 힘이 미치던 정부
8. 제1호부터 제7호까지의 규정에 준하는 사람으로서 법무부장관이 그 입국이 적당하지 아니하다고 인정하는 사람

도했으나 거부당했고, 이후 지금까지 장인의 사망으로 일시 귀국한 것을 제외하고 한국 땅을 밟을 수 없었다.

시간이 지나고 대중의 관심도 식었지만, 중국에서 활동하던 그는 포기하지 않고 여러 차례 입국 의지를 밝혔고 2015년 5월 홍콩에서 진행된 인터넷방송을 통해 무릎을 꿇고 눈물을 쏟으며 자신의 병역 기피 사건을 해명하기도 했다.

그러고는 얼마 지나지 않아 2015년 8월 27일 입국을 위해 주로스앤젤레스 총영사관(이하 'LA 총영사관')에 재외동포 비자(F-4, 한국에서 영리 활동이 가능한 비자)를 신청했는데, LA 총영사관은 2002년 법무부의 입국 금지 결정이 있었다는 이유로 비자 발급을 거부했고, 이때부터 본격적인 법적 공방이 시작되었다.

유승준은 2015년 10월 21일 LA 총영사관을 상대로 서울행정법원에 '사증발급거부취소' 소송을 제기했는데 패소했고,* 항소심에서도 "유 씨가 입국해 활동하면 자신을 희생하며 병역에 종사하는 국군 장병의 사기가 저하되고 병역 기피 풍조가 만연해질 우려가 있다"는 이유로 패소했다.**

그런데 뜻밖에도 대법원은 이러한 1심과 2심의 판단을 뒤엎고 원고 승소 취지로 원심 판결을 파기 환송하는 판결을 내려(2017두38874), 이에 대한 대중의 의견도 매우 분분했다. 대법원 판결의 이유는 ① 사증 발급 거부 처분을 하면서 유승준 본인에게 처분서를 작성해 교부하지 않고 유승준에 아버지에게 전화로만 결과를 통보하며 신청서를

* 서울행정법원 2016.9.30. 선고 2015구합77189 판결 사증발급거부처분취소

** 서울행정법원 2017.2.23. 선고 2016누68825 판결 사증발급거부처분취소

대법원 2019.7.11. 선고 2017두38874 판결 사증발급거부처분취소

피고(주한로스앤젤레스총영사관 총영사)는 2015. 9. 2. 원고(유승준)의 아버지에게 전화로 처분결과를 통보하고 그 무렵 여권과 사증발급 신청서를 반환하였을 뿐 원고에게 처분이유를 기재한 사증발급 거부처분서를 작성해 주지 않았다. 원고의 재외동포(F-4) 체류자격 사증발급 신청에 대하여 피고가 6일 만에 한 사증발급거부처분이 문서에 의한 처분방식의 예외로 행정절차법 제24조 제1항 단서에서 정한 '신속히 처리할 필요가 있거나 사안이 경미한 경우'에 해당한다고 볼 수도 없다. 따라서 피고의 사증발급 거부처부에는 행정절차법 제24조 제1항을 위반한 하자가 있다. (중략) 피고는 자신에게 주어진 재량권을 전혀 행사하지 않고, 오로지 13년 7개월 전에 이 사건 입국금지결정이 있었다는 이유만으로 이 사건 사증발급 거부처분을 하였다. (중략) 이 사건 입국금지결정은 원고가 미국시민권을 취득함으로써 대한민국 국민으로서의 병역의무를 면하였음을 이유로 병무청장의 요청에 따라 이루어진 제재조치이다. 그로부터 13년 7개월이 지나 이루어진 이 사건 사증발급 거부처분이 비례의 원칙에 반하는 것인지 판단할 필요가 있다.

반환한 점은 현행 행정절차법을 위반한 것이고, ② 실질적으로는 LA 총영사관 측이 법령상 부여된 재량권에 따라 판단하지 않고, 오로지 13년 7개월 전에 법무부의 입국금지결정만을 이유로 비자 발급을 거부한 점은 위법하다는 것이다.

위 판결의 의미인즉슨, 문제는 "LA 총영사관이 비자 발급 여부에 대해 자체적인 판단 없이 단지 과거의 입국 금지 결정에 따라 거부처분을 했고, 그 처분에 대해서도 문서를 발급하지 않았다"는 것이다. 이는 달리 말하면 유승준이 다시 비자 발급 신청을 하게 되었을 때, LA 총영사관이 법무부의 입국 금지 결정 외 다른 사유로 비자 발급을 거부하고 그에 대한 처분문서도 발급한다면 비자 신청은 얼마든지 다시 거부될 수 있다는 의미다.

법조계에서는 이러한 상황을 충분히 예견했고, 그 예상대로 유승준은 2020년 7월 재차 비자 발급을 신청했으나 LA 총영사관은 또다시 거부했다. 이에 대해 유승준이 2020년 10월 다시 사증발급거부처분취소청구 소송을 제기해 현재 두 번째 라운드가 한창 진행 중이다.

유승준 측은 "비자 발급 거부는 (2019년) 대법원 판결에 반한다"면서, "미국 국적 취득은 아무 문제가 없었고, 다른 나라의 국적을 취득한 외국인을 병역 기피로 보고 무기한 입국 금지를 한 사례는 유승준이 유일하다. 국민감정도 특정 국민의 감정이며 추상적인 논리"라는 주장을 펼치고 있다. 이에 대해 LA 총영사관 측은 "대법원 판결 취지는 '재량권을 행사하라'는 것이었고 재량대로 거부했다"며 "유승준은 2002년 입영통지서를 받은 상황에서 해외 공연을 위해 출국해 미국 시민권을 취득했고, 이는 병역 기피와 관련한 유일한 사례이자 특수한 사정이다. 그럼에도 유승준은 대법원 판결 이후에도 유튜브에서 여러 이야기를 하며 논란을 야기했다"고 지적하며 맞서고 있다.

지금까지 재판의 진행 상황을 보면, 이번 소송은 「재외동포법」 제5조 제2항에 대한 해석과 '비례의 원칙' 위반 여부가 쟁점이 될 것으로 보인다. 위 조항은 "병역거부의 목적으로 국적을 포기한 외국국적동포가 41세가 된 이후에는 법무부 장관의 재량에 따라 F-4 비자

재외동포의 출입국과 법적 지위에 관한 법률(재외동포법)

제5조(재외동포체류자격의 부여)

② 법무부장관은 외국국적동포에게 다음 각 호의 어느 하나에 해당하는 사유가 있으면 제1항에 따른 재외동포체류자격을 부여하지 아니한다. 다만, 법무부장관이 필요하다고 인정하는 경우에는 제1호에 해당하는 외국국적동포가 41세가 되는 해 1월 1일부터 부여할 수 있다.

1. 다음 각 목의 어느 하나에 해당하지 아니한 상태에서 대한민국 국적을 이탈하거나 상실하여 외국인이 된 남성의 경우
   가. 현역 · 상근예비역 · 보충역 또는 대체역으로 복무를 마치거나 마친 것으로 보게 되는 경우
   나. 전시근로역에 편입된 경우
   다. 병역면제처분을 받은 경우
2. 대한민국의 안전보장, 질서유지, 공공복리, 외교관계 등 대한민국의 이익을 해칠 우려가 있는 경우

를 발급할 수도 있다"는 것인데, 만약 법무부 장관이 자격 부여 여부를 검토하여 유승준의 F-4 비자 발급을 거부할 때는 이로 인해 침해되는 유승준 개인의 이익보다 그 목적이 되는 공익(병역의 의무에 대한 국민의 인식 등)이 더 커야 한다는 것이다.

이 사건의 피고는 주로스앤젤레스 총영사관 총영사이지만, 실제로는 법무부 · 외교부 등을 중심으로 한 대한민국 정부가 당사자라고 할 수 있는 사건이다. 총영사를 대리하고 있는 변호사도 정부법무공

단 소속이고, 변론 시 "정부는…"이라며 유승준에 대한 입국을 거부하는 주체가 '한국 정부'임을 공식화하고 있다. 이는 단순한 개인의 사건이 아니라 병역의무 거부에 대한 정부의 강경한 입장을 유지할 수 있을지 여부가 달려 있는 문제다.

대법원은 2019년 판결 당시 그 이유로 "재외동포법은 재외동포의 출입국과 체류에 대한 개방적이고 포용적인 태도를 취하고 있다"고 언급한 바 있다. 과연 41세를 넘긴 유승준에 대해 계속해서 F-4 비자 발급을 거부함으로써 추구되는 사회적인 이익과 그로 인해 침해되는 유승준 개인의 권리 중 어떤 것이 더 큰 것인지 재판부의 결론이 주목되며, 어떠한 쪽으로 결론이 나든 그에 대한 뜨거운 찬반 논쟁은 피할 수 없을 것 같다.

강산이 두 번이나 바뀌었지만, 논쟁은 아직도 진행 중이다. 오래전 한 청년의 실수로 눈감아주기엔 당시 유승준을 향한 대중의 사랑이 특별했던 만큼 그 배신감과 상처도 크고 깊었던 것일까. 톱스타들이 누리는 인기와 명성에는 반드시 책임이 뒤따르고, 이 둘은 분리될 수 없다. 그들에게 좀 더 책임 있는 모습을 원하는 대중의 바람은 20년 전이나 지금이나 변함이 없다.

Issue 4
소속사 전속계약 분쟁

:: 이현민 평론가의 Talk

연예인 전속계약 문제와 반중 정서의 상관관계

엔터업계의 고질적인 문제로 언급되는 연예인 전속계약 문제가 이제는 반중 정서로까지 확산되며 더 큰 파장을 낳고 있다. 연예인 전속 계약 문제는 늘 엔터업계 측의 입장과 소속 연예인의 입장이 첨예하게 대립하는데, 이 과정에서의 피로감은 모두 연예인의 팬덤이 고스란히 짊어지고 있다. 전속계약 관련 소송이 시작되면, 팬들은 해당 연예인을 매체에서 보고 싶어도 더 이상 볼 수 없게 된다. 회사 측은 활동 정지 가처분 신청 등으로 해당 연예인의 활동에 제동을 건다. 반대로 소(訴)를 제기한 연예인은 해당 소속사와 더 이상 활동을 이어갈 수 없다며 무단이탈하는 등 다양한 문제가 연쇄적으로 발생한다.

하지만 몇 년 전부터 국내 연예인 전속계약 문제에서 반복적으로 발생하는 유형이 있는데, 이는 바로 중국 국적 연예인의 전속계약 효력가처분신청에 대한 사건이다. 멀게는 2009년 슈퍼주니어의 중국 멤버 한경부터 최근 에버글로우의 중국 멤버 왕이런까지 중국 아이돌의 전속계약 문제가 큰 골칫거리로 이어지고 있다.

국내 엔터업계는 지난 수년간 중국 시장 공략이라는 목표를 위해 아이돌 멤버 중 한두 명을 반드시 중국인으로 활용하고 있었다. 중국인 멤버가 포함되어 있다는 자체만으로 애국심이 높은 중국인에게 큰 어필이 되었고, 실제로 중국인 멤버들은 중국 인기 순위 1위를 달리는 등 높은 흥행 수익의 원동력이 되었다. 하지만 중국 멤버들의 전속 계약 위반으로 이익보다는 손실이 더 큰 문제들이 꾸준히 발생하기 시작했다. 대표적으로 슈퍼주니어의 한경과 엑소의 크리스 · 타오 · 루한 · 레이 등은 국내에서 인기와 인지도를 쌓자 SM엔터테인먼트에 전속계약효력정지가처분 신청을 내고 일방적으로 국내를 떠났다. 법적인 조치나 손해배상은 기대하기 어렵고 그야말로 '먹튀'급 도망으로 국내 팬들에게 충격을 주었으며, 엔터업계에는 심각한 손실을 안겨주었다.

최근에는 한국 활동 중국계 연예인들과 정치적인 견해의 차이 등으로 또 다른 전속계약 문제가 발생하기 시작했다. 한국에서 활동 중인 중국 연예인들의 남중국해 지지 선언이나 6.25전쟁에 대해 '항미원조(抗美援朝: 중국이 미국과 대항하여 북한을 도운 전쟁으로 해석)'로 해석하는 것, 신장위구르 강제 노역 지지, 홍콩 경찰 지지 선언 등 다양한 정치 이슈들이 국내의 반중 정서와 맞물려 해당 중국 연예인들의 활동에 문제가 발생하고 있다. 이러한 한중 양국의 문화 차이와 정치적 견해 등의 차이로 중국인 멤버와의 갈등은 계속해서 부각되고, 국내에 불고 있는 반중 정서 등의 영향으로 이제는 중국인 멤버들을 국내 아이돌 멤버에 포함하는 것에 대한 근본적인 자성의 시각까지 터져 나오고 있는 실정이다.

이를 단순히 엔터업계의 문제로만 국한할 수 없는 것은 전 세계적으로 영향력을 행사하고 있는 K-pop의 위상이 국위 선양은 물론 우리 국민의 정체성과 생각을 반영하고 있는 것이 사실이다. 그런데 '우리와 다른' 중국 연예인들의 사고방식이 K-pop이라는 하나의 이름으로 세계 시장에 영향을 미칠 수 있다는 것은 생각보다 더 큰 문제를 야기할 수 있다. 일례로 BTS의 벤틀리트상* 수상 소감에서 언급한

엑소의 레이(중국 출신 아이돌)가 자신의 웨이보에 게시한 항미원조 70주년 기념 게시글
(출처: 레이 웨이보)

* 한 · 미 친선협회인 코리아 소사이어티가 1992년부터 한미 관계 발전에 기여한 인물에게 수여하고 있는 상(출처: 위키백과)

한국전쟁에 대한 소회에 대해 이를 인정할 수 없다는 중국 측의 반발과 이어진 BTS 불매 운동을 보면서 이는 단순히 엔터업계가 짊어져야 할 숙제가 아닐 수 있겠다는 조심스러운 추측까지 따라온다. 단순히 엔터 비즈니스를 넘어 국가의 정체성과도 관련이 깊은 중요한 이슈들인 만큼 엔터업계는 이에 대한 깊은 성찰이 어느 때보다 필요한 시점이다.

K-pop 비즈니스에서 전속계약 문제는 정형화된 국내 아이돌 양성 시스템의 고질적인 문제점 중 하나로 평가받았다. 오랜 연습생 생활과 도제식 아이돌 육성 시스템, 오랜 시간의 투자 효과를 위해 정해지는 7년 이상의 계약 기간 등 10대 어린 청소년들이 겪기에는 상당부분 어려움이 있는 것도 사실이다. 하지만 엔터업계의 자성의 노력으로 이제는 대중문화예술인 표준전속계약서 등을 따르는 곳이 대부분이고, 법의 보호를 받는 사례가 늘어나고 있으니 어느 정도 안심되는 부분이다.

하지만 최근 국내에서 발생하고 있는 중국을 향한 반감, 반중 정서가 아이돌 시장에도 반영되고, 더 나아가 지금까지 다양하게 발생한 중국 출신 아이돌 가수들의 무단이탈과 관련하여 뾰족한 대안은 마련하지 못한 채 똑같은 문제가 연이어 발생하고 있으니, 이에 대한 대책 마련이 시급하다.

이제 K-pop의 인기는 국위 선양은 물론이고, 한국의 정서와 문화, 관점을 대변한다고 해도 과언이 아니다. 하지만 연속적으로 발생하는 중국 아이돌의 무단이탈과 '다른 목소리'는 국내 엔터 시장에 상당히 부정적인 영향을 끼치고 있다. 따라서 잇따른 차이나 리스크가 발생하는 엔터업계에서 굳이 중국 시장만을 위해 계속해서 중국인 멤버를 구성하는 것이 의미가 있는지 되짚어봐야 할 시점이다. 가장 한국적인 것이 전 세계에 통한 〈오징어 게임〉의 성공 사례처럼 오히려 리스크 큰 '뒤섞임'보다 정체성을 지키는 '하나'가 더욱 절실한 때가 아닐지 모르겠다.

:: 김민정 변호사의 Talk

소속사 분쟁, 엔터테인먼트 전속계약의 시작과 끝

연예인과 소속사는 떼려야 뗄 수 없는 관계다. 연습생 시절, 심지어 많은 아이돌 스타들의 경우 초등학생 시절부터 소속사에 들어가 트레이닝을 시작하는데, 엄청난 돈과 시간과 노력을 투자해 한 명의 스타가 만들어진다.

이렇듯 오랜 준비 기간 끝에 성공적으로 데뷔하고 인기를 끌어 엄청난 수입을 벌어들이게 되면 연예인과 소속사 모두 목표를 이뤄 해피엔딩이 될 것 같지만, 연예인과 소속사와의 분쟁은 좀처럼 끊이지 않고 오히려 늘어나고 있다. 지난해만 해도 가수 타이거JK, 배우 김민정, 한다감, 조수민 등 수많은 연예인이 현 소속사 또는 전 소속사와의 분쟁으로 인해 법적 공방을 벌이고 있다는 소식이 전해졌다.

10여 년 전까지만 해도 소속사는 '갑', 연예인은 '을'이라는 프레임 속에 연예인들은 어떠한 불공정한 계약 조건도 받아들이고 부당한 대우도 참아오는 일이 비일비재했다. 그러나 2009년 동방신기가 SM 엔터테인먼트를 상대로 한 전속계약효력정지가처분 신청이 인용된 이후,* 소속사와의 소송에서 승소 사례가 늘어나면서 연예인들도 더 이상 참지만 않고 적극적으로 법적 대응을 하는 경우가 많아졌다.

그렇다면 소속사와 연예인 간에 이러한 분쟁이 발생하는 대표적 이유는 무엇일까?

가장 큰 이유는 당연히 수익의 정산과 분배 문제다. 위 동방신기 사건 이후 공정거래위원회에서 마련한 「대중문화예술인 표준전속계약서」(이하 '표준계약서')에 의하면, 수입은 일단 소속사가 수령하고, 공식적인 활동을 위한 비용(차량유지비, 의식주, 교통비 등)을 공제한 후 연예인에게 계약서에 합의한 비율에 의한 금액을 지급해야 하며, 이때 기획업자는 연예인에게 총수입과 비용공제에 관한 정산자료를 제공해야 한다. 그러나 소속사가 수입을 누락하거나 정산의무를 이행하지 않는 등 수익분배에 관한 계약 위반 사항이 반복되다 보니, 연예인들이 더 이상 소속사를 신뢰하지 못하고 계약 해지를 원하게 되는 것이다.

다음은 유명 연예인의 경우 소속사가 무리하게 스케줄을 잡거나 혹은 연예인의 의사에 반하는 활동을 강요하는 경우다. 유명 가수 홍진영은 소속사와의 분쟁 시 "자신의 건강 악화로 인해 소속사에 스케줄 조정 등을 요청했으나, 회사가 이를 고려치 않고 자신의 의사에 반하여 계약을 체결하고 계약의 이행을 강요했다"고 주장했다. 「대중문화예술산업발전법」(제10조 제2항)에서는 "대중문화예술기획업자는 대중문화예술인의 명시적인 의사표시에 반하는 계약을 체결해서는 아니

---

* 서울중앙지방법원 2009.10.27.자 2009카합2869 결정

대중문화예술산업발전법

제10조(사전설명의 의무)

① 대중문화예술기획업자는 소속 대중문화예술인을 대리하여 대중문화예술용역제공계약을 체결할 때에는 해당 대중문화예술인에게 계약의 내용을 미리 설명하여야 한다.

② 대중문화예술기획업자는 제1항의 경우 해당 대중문화예술인의 명시적인 의사표시에 반하는 계약을 체결해서는 아니 된다.

대중문화예술인 표준전속계약서(가수 중심)

제5조('기획업자'의 매니지먼트 권한 및 의무 등)

② '기획업자'는 '가수(연기자)'를 대리하여 제3자와 '가수(연기자)'의 대중문화예술용역에 관한 계약의 조건과 이행방법 등을 협의 및 조정하여 계약을 체결할 권한을 가지는데, 그 대리권을 행사함에 있어 '기획업자'는 '가수(연기자)'의 신체적, 정신적 준비상황을 반드시 고려하고, 미리 '가수(연기자)'에게 계약의 내용 및 일정 등을 사전에 설명하며, 또 '가수(연기자)'의 명시적인 의사표명에 반하는 계약을 체결할 수 없다.

된다"라고 규정하며, 표준계약서(제5조 제2항)에서는 이에 관해 구체적으로 "기획업자가 가수를 대리해서 계약을 할 때에는 가수의 신체적, 정신적 준비상황을 고려하고, 미리 가수에게 계약 내용 및 일정 등을 설명하며, 가수의 명시적인 의사표명에 반해서는 계약을 체결할 수 없다"고 명시하고 있다.*

그럼에도 불구하고 연예인이 유명세를 타고 계약 요청이 많아지게 되면 소속사는 물 들어왔을 때 노 젓는 심정으로 수익 극대화에 집중하는데, 그러다 보면 연예인의 사정을 일일이 고려하기 쉽지 않고, 계약 내용을 고지하고 동의를 받는 절차를 생략해버리기 쉽다.

이와는 반대로 무명 연예인 또는 연습생의 경우, 계약을 했음에도 소속사가 계약 이후 관리를 해주지 않고 방치해서 문제가 생긴다. 오디션 스케줄을 잡아주지 않고 약속한 기한 내에 데뷔를 시켜주지 않는 등이 대표적인 사례다. 그 외에도 가수 활동에 필요한 기본적인 트레이닝과 차량, 매니저, 숙소의 공과금 등이 지원되지 않는 경우도 있고, 부당대우, 인격모독과 왕따 등 문제가 발생하기도 한다. 그런데 연예인 입장에서는 이러한 문제가 있어도 계약해지 전까지는 소속사와의 계약에 묶여있는 상황이기 때문에 소속사의 동의 없이 자신이 직접 오디션을 알아보고 캐스팅 계약을 체결할 수도 없고, 그렇다고 다른 소속사와 일할 수도 없는 곤란한 상황에 처하게 되는 것이다.

그렇다면 이러한 연예인과 소속사 간의 법적인 분쟁을 최소화할 방법은 무엇일까?

가장 중요하고도 확실한 방법은 양측 모두의 입장을 반영한 공정한 계약을 체결하는 것이다. 대부분의 경우 주로 '갑'에 해당하는 소속사가 미리 작성한 계약서를 연예인이 받아 그 자리에서 급하게 읽어 본 뒤 바로 사인을 하게 되고, 설사 계약 내용에 의문이 있더라도 자

* 대중문화예술인 표준계약서(연기자중심) 제4조 제2항도 동일한 내용이다.

세히 물어보거나 수정을 요구하는 것이 쉽지 않기도 하다. 그러나 미심쩍었던 부분에서 문제가 발생할 가능성이 크고, 실제로 문제가 발생하게 되면 본인이 직접 사인한 계약서이므로 소속사만을 탓할 수도 없다. '계약 내용=법적 책임'이므로 최종 날인 전 신중에 신중을 기해야 한다.

전속계약 분쟁 관련 조정을 신청할 수 있는 '한국연예매니지먼트협회' 신문고
(출처: 한국연예매니지먼트협회 홈페이지 캡처)

요즘은 표준계약서를 사용하고 있는 소속사들도 제법 많으나, 필자가 검토한 전속계약서 중에는 일부는 표준계약서를 그대로 사용한 것처럼 보이지만 자세히 읽어보니 주어만 교묘하게 살짝 바꾸어 지나치게 많은 권리를 소속사에 귀속시킨 경우도 있었다. 따라서 계약서의 각 조항을 꼼꼼히 체크해야 하며, 특히 '계약기간이 지나치게 길지 않은지', '계약 기간 만료 이후에 어떠한 경우 연장을 거부할 수 있는지', '상대방이 계약을 위반할 경우 언제든 해지하고 손해배상을 청구할 수 있는지', '연예인의 위약금이 과다하지 않은지', '활동매체와 일정을 연예인이 선택 및 거부할 수 있는지', '수익의 분배 비율 및 정산자료 제공의무가 있는지' 등의 조항은 더욱 유심히 살펴봐야 한다.

그럼에도 불구하고 분쟁이 발생하게 되었다면 어떤 절차로 해결하는 것이 좋을까?

전속계약에 관한 분쟁에서 양측이 원만한 합의에 이르지 못해 법적 절차를 밟아야 하는 경우에는 곧바로 법원에 소송을 제기하기보다는 조정이나 중재 같은 ADR(Alternative Dispute Resolution, 대체적 분쟁해결)을 먼저 시도해보는 것이 좋다. 소송을 하는 경우 확정판결이 나오기까지는 오랜 시간이 걸리고 그 기간 동안 연예 활동에 제약이 많은 반면, ADR을 시도하는 경우 분쟁을 조속히 마무리 짓고 자유롭게 연예 활동을 할 수 있는 장점이 있다. 특히 이런 분쟁은 물이 들어왔을 때, 즉 유명세를 타게 되었을 때 주로 발생하는데, 분쟁에 장기간 대응하다 보면 노 한 번 저어보지 못하고 인기가 식어버릴 수도 있다. 최근 들어 강다니엘 등 몇몇 연예인이 한국연예매니지먼트협회(연매협)에서의 조정으로 사건을 마무리했는데, 확정판결이 나오기까지의 시간을 절

약함과 동시에 전 소속사와의 관계도 원만하게 유지할 수 있게 되어 연예인의 중요한 자산으로 여겨지는 이미지와 평판에 금이 가는 것도 막을 수 있었다.

겉은 화려하지만 그 뒷면은 치열하고 살벌한 것이 엔터테인먼트 산업이다. 큰 수익이 발생하는 곳인 만큼 분쟁도 끊이지 않는다. 그럴수록 명확한 계약 관계와 조속하고 원만한 분쟁의 해결이 무엇보다 중요하다.